NOUVELLE BIBLIOTHÈQUE ALGÉRIENNE

DEUX

MISSIONS FRANÇAISES

CHEZ

LES TOUAREG

EN 1880-81

PAR

F. BERNARD

CHEF D'ESCADRON D'ARTILLERIE

MEMBRE DE LA 1re MISSION TRANSSAHARIENNE

ALGER

LIBRAIRIE ADOLPHE JOURDAN

IMPRIMEUR-LIBRAIRE-ÉDITEUR

4, Place du Gouvernement, 4

1896

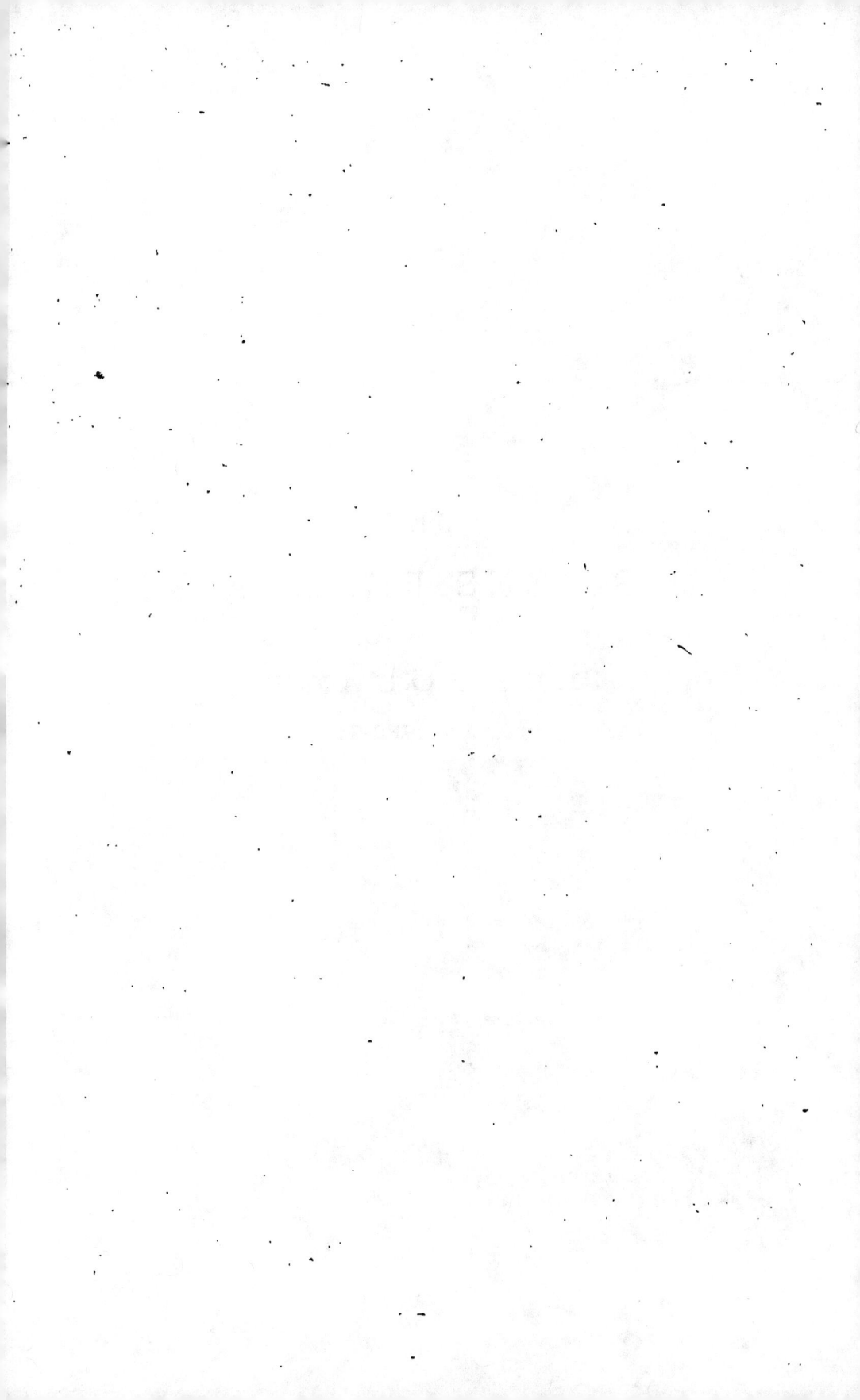

DEUX

MISSIONS FRANÇAISES

CHEZ

LES TOUAREG

EN 1880-81

NOUVELLE BIBLIOTHÈQUE ALGÉRIENNE

DEUX
MISSIONS FRANÇAISES

CHEZ
LES TOUAREG
EN 1880-81

PAR

F. BERNARD

CHEF D'ESCADRON D'ARTILLERIE

MEMBRE DE LA 1ʳᵉ MISSION TRANSSAHARIENNE

ALGER

LIBRAIRIE ADOLPHE JOURDAN

IMPRIMEUR-LIBRAIRE-ÉDITEUR

4, Place du Gouvernement, 4

—

1896

AVANT-PROPOS

La première mission du lieutenant-colonel Flatters fut organisée dans le but de reconnaître le Sahara, en vue de la construction d'un chemin de fer transsaharien. Le personnel qui la composait comprenait, en plus du chef de la mission, le capitaine d'état-major Masson, sous-chef de mission, le capitaine d'artillerie Bernard, les lieutenants d'infanterie Lechâtelier et Brosselard; MM. Béringer, ingénieur des travaux de l'État, Roche, ingénieur des mines, Cabaillot et Rabourdin, conducteurs des ponts et chaussées.

La mission quitta Paris, le 7 janvier, compléta ses approvisionnements en matériel de toute sorte à Alger et à Constantine, et quitta cette dernière ville le 25 janvier.

Le colonel et les membres civils de la mission se rendirent de Constantine à Biskra par la diligence qui faisait à cette époque le service entre ces deux villes; les autres membres militaires firent ce trajet par étapes, accompagnant le convoi qui transportait le matériel.

Le 1er février, toute la mission était réunie à Biskra, où le service des affaires indigènes lui faisait préparer un convoi de chameaux loués pour transporter le matériel à Ouargla.

Quelques membres militaires de la mission avaient emmené les ordonnances qu'ils avaient dans les corps dont ils faisaient partie ; ces hommes, au nombre de trois, étaient : Brame, soldat d'infanterie, ordonnance du lieutenant-colonel Flatters ; Bâcle, conducteur d'artillerie, ordonnance du capitaine Bernard ; Fourez, soldat d'infanterie, ordonnance du lieutenant Lechâtelier.

Le docteur Guiard avait pris à Constantine un tirailleur indigène du 1er régiment ; M. Béringer engagea pour lui servir d'ordonnance, un jeune indigène nommé Belkassem, ancien élève de l'école de Biskra ; le colonel avait engagé à Constantine un nommé Marjolet, cuisinier, qui avait supplié le chef de la mission de le prendre en cette qualité ; deux cavaliers du bureau arabe de Bou-Saâda, un ancien spahis et onze hommes du 3e bataillon d'Afrique formèrent à Biskra le noyau du personnel de service, qui ne devait être complété qu'à Ouargla.

Les membres de la mission qui n'avaient pas d'ordonnances en prirent parmi les hommes du 3e bataillon d'Afrique, mis à la disposition du lieutenant-colonel Flatters.

La mission séjourna à Biskra du 1er au 6 février et s'organisa pour le voyage de Biskra à Ouargla ; le 7, elle quitta Biskra, qui était alors le poste le plus méridional de la province de Constantine.

F. BERNARD.

DEUX
MISSIONS FRANÇAISES
CHEZ
LES TOUAREG
EN 1880-81

CHAPITRE PREMIER

**De Biskra à Tougourt. — Le Bas Igharghar entre El Goug
et Hassi Ouled Miloud. — Ouargla.**

Le 7 février 1880, nous quittons Biskra vers
8 heures du matin pour suivre la route de Tougourt, large piste bien tracée qui suit la vallée
de l'Oued Biskra, en le laissant à l'est ; un peu
avant d'atteindre Bordj Saâda, où nous devons
camper ce soir, on traverse l'Oued Djedi qui
contourne le petit mamelon où est bâti le bordj,
grande construction carrée munie de bastions ;
l'oued a coulé récemment, car il reste encore de
l'eau dans les cuvettes de son lit.

Le lendemain, après une marche de six heures dans une plaine sablonneuse, parsemée de buissons de jujubiers, nous venons camper près du petit bordj de Chegga ; ce bordj, beaucoup moins important que celui de Saâda, est bâti à proximité d'une minuscule oasis, arrosée par deux puits artésiens.

L'eau de ces puits est tiède (23°), elle est de qualité très médiocre et assez abondante ; un des puits jaillit au milieu de la cour du bordj, qui est en assez mauvais état.

De Chegga à Oum eth Thyour, troisième gîte d'étape sur la route de Tougourt, le pays est un peu moins plat, il est parsemé de petits mamelons rocheux qui alternent avec de grandes étendues couvertes de sable mamelonné. Un peu avant d'atteindre Oum eth Thyour, on commence à voir vers l'est les bords du chott Melghir, cet immense lac desséché que le mirage fait ressembler à une mer, reflétant dans son miroir immobile les falaises basses qui l'entourent.

Oum eth Thyour est une petite oasis de cinq à six mille palmiers, arrosés par trois puits artésiens d'un faible débit, mais dont l'eau est bien préférable à celle de Chegga ; on y remar-

Mosquée d'Oum-eth-Thyour

que une assez belle mosquée que surmonte un minaret élevé, très joliment découpé, et qui ne manque vraiment pas de caractère.

Entre Oum eth Thyour et Mraïer (miroir), où nous campons le 10, la route suit, à 10 kilomètres environ, la rive occidentale du Melghir qui défile devant nous, peuplé par le mirage de fantômes informes où l'imagination du voyageur lui fait voir les objets les plus étranges.

Avant d'atteindre Mraïer on laisse à l'est deux petites oasis, Ourir et Nsira, que le sable recouvre peu à peu et qui sont presque abandonnées; Mraïer, qui compte quarante mille palmiers, est une belle oasis arrosée par deux puits artésiens d'un débit énorme et qui forment une véritable rivière. Un petit bordj, à côté duquel nous campons, porte une plaque indiquant que cette construction est à un mètre au-dessous du niveau de la mer, le terrain s'abaisse en pente assez raide à l'est du bordj jusqu'au bord du chott qui est à la cote — 24 à hauteur de Mraïer.

Le 11 février, laissant à l'ouest la grande oasis de Sidi Khelil, magnifique forêt de soixante mille palmiers, nous allons camper près du puits artésien de Nza ben Rezig, point d'eau isolé dans une plaine sablonneuse, couverte de gros cristaux de gypse et d'une désolante nudité.

Le lendemain nous traversons Ourlana, oasis aussi importante que Sidi Khelil et où l'eau est excessivement abondante; plusieurs puits jaillissants et un behar, sorte de source artésienne naturelle, déversent dans cette oasis une masse d'eau très bonne qui permettra d'étendre beaucoup les cultures de dattiers.

Nous campons ce jour à Tamerna, groupe de deux ksour (Tamerna Djedida, Tamerna Kedima) situés au milieu d'une assez belle oasis. On y voit les ruines d'une mosquée qui devait être un monument assez remarquable; un des puits artésiens de Tamerna, puits indigène d'une très grande section, contient beaucoup de poissons.

Le 12, après avoir traversé Sidi Rached, oasis moins importante que Tamerna, nous campons au pied des dunes qui entourent le petit ksar de Ghamra.

Le pays devient de plus en plus sablonneux, il présente une assez belle végétation dans les parties où le sable n'est pas en couche trop épaisse. Au sud de Ghamra, existe un lac salé assez étendu formé par des sources inutilisées; les cultures de cette oasis, envahies par les dunes, sont en fort piteux état.

A peu de distance au sud de Ghamra, sur un mamelon isolé, situé près d'un behar à l'eau immobile et atrocement salée, sont les ruines d'une mosquée semblable à celle de Tamerna.

Entre Ghamra et Tougourt, où nous arrivons le 14, la route traverse un chapelet de chotts (1) séparés par de petites dunes, terrain mou sur lequel la marche est des plus pénibles et des plus lentes.

L'oasis de Tougourt, la reine de l'Oued Righ, comprend plusieurs ksour nichés au milieu d'une immense forêt de palmiers qui compte plus de quatre cent mille pieds. Le ksar principal, qui est à la lisière ouest de l'oasis, est assez étendu ; il est la résidence de l'agha, Si Ismaïl Ould Cadhi, qui habite une casbah construite par le Génie militaire.

Cette forteresse est gardée par un petit détachement de tirailleurs indigènes ; c'est actuellement la garnison la plus méridionale de l'Algérie.

Tougourt a une belle mosquée qui est un monument d'une réelle valeur ; les ressources ne manquent pas dans cette oasis qui est bien arrosée par un grand nombre de puits indigènes.

(1) Chott, bas-fond salin où l'eau s'accumule en temps de pluie.

Nous séjournons à Tougourt les 15, 16 et 17 février; on profite de ce séjour pour acheter quelques chameaux que les indigènes viennent proposer au colonel; l'agha a reçu la mission avec beaucoup de faste, il a donné en notre honneur une très belle fête arabe.

Le 18 février nous quittons Tougourt pour aller camper à Temacin, qui n'en est qu'à 16 kilomètres; nous devons nous arrêter un jour en ce point pour rendre visite à Si Mohammed Seghir, grand maître de l'ordre des Tedjania, confrérie musulmane qui a une influence considérable dans le Sahara.

Si Mohammed Seghir avait envoyé son frère Si Maamar à Tougourt pour inviter le colonel à venir le voir à la zaouïa de Tamelhat, vaste couvent fortifié où il réside. Le grand marabout nous reçoit d'ailleurs fort bien dans son palais que nous visitons en détail; la mosquée, où se trouve le tombeau du fondateur de l'ordre des Tedjania, est une belle construction que surmonte une coupole assez remarquable.

Après un long palabre, Mohammed Seghir, auquel le colonel a fait des cadeaux d'une grande valeur, donne à notre chef des lettres de recommandation pour les cheikhs touareg avec lesquels il est en relation ; un mokaddem (vicaire) de l'ordre doit se joindre à la mission, cet individu quittera Tamelhat de façon à arriver à Ouargla en même temps que nous.

Demain la mission se partagera en deux parties ; l'une, comprenant les gros bagages, marchera directement sur Ouargla sous le commandement du capitaine Masson avec Brosselard comme adjoint, tandis que l'autre appuiera à l'est pour rejoindre la vallée de l'Oued Igharghar que nous devons reconnaître.

Le capitaine Masson quitte Tamelhat un peu avant nous et prend la route directe d'Ouargla, où il sera dans quatre jours. La caravane légère traverse les jardins de Temacin par une série de sentiers étroits, bordés de murettes en terre qui closent les jardins de l'oasis ; celle-ci est plantée dans un bas-fond marécageux où l'eau est à fleur de sol et forme en certains endroits de véritables étangs sans profondeur qui la rendent très malsaine. L'eau de ces étangs est très fortement chargée de sel qui se dépose sur le sol, lequel est recouvert en beaucoup de points d'efflorescences semblables à du givre, qui lui donnent un aspect très original et tout particulier.

Le Ksar de Temacin

A la limite des jardins on gravit un ressaut du terrain pour gagner le plateau qui domine le bas-fond de Temacin ; ce plateau pierreux, sans végétation, se termine à la sebkhat (lac salin desséché) d'El Goug, que nous traversons dans sa longueur, laissant à l'ouest la petite oasis d'El Goug plantée sur son bord occidental. Au sortir de la sebkhat nous faisons une petite halte à côté d'une jolie source jaillissant au pied d'un mamelon gypseux, qui est la seule hauteur dépassant le niveau uniforme du plateau. Cette source est peut-être unique dans cette région où il n'y a aucune eau courante en dehors de celle que donnent les puits artésiens.

Plus loin, le pays se mamelonne et se couvre de sable en manteau peu épais sur lequel poussent une foule de plantes sahariennes ; c'est moins triste que la plaine caillouteuse qui s'étend entre Temacin et El Goug. Nous campons aujourd'hui à côté d'un puits appelé Bir bou Smah (1), situé au fond d'une cuvette peu profonde couverte de gravier fin ; Bir bou Smah est peu profond (2^m), son eau serait réellement

---

(1) Bir, puits ; plus au sud les puits sont plutôt appelés Hassi ; certains puits sont appelés aussi Aïn, mot qui désigne plus souvent un puits artésien ou une source naturelle.

bonne si elle n'était gâtée par les détritus de toutes sortes qui y tombent, ce puits n'est en effet qu'un simple trou à fleur de sol.

Nous avons eu une journée très dure aujourd'hui, le siroco a soufflé avec violence à partir de 9 heures du matin et la chaleur est atroce ; plusieurs hommes ont été assez sérieusement indisposés, sans conséquences graves heureusement. Le 20, après une marche de 6 heures dans une région semblable au pays que nous parcourons depuis El Goûg, nous atteignons Bir Matmat, puits situé dans une dépression allongée qui ressemble à un lit de rivière dirigé du nord-nord-est au sud-sud-ouest ; au dire de nos guides cette dépression serait le lit de l'Oued Igharghar, elle semble pourtant ne pas s'étendre bien loin.

Bir Matmat est un peu plus profond que Bir bou Smah, son eau est assez bonne, bien qu'elle répande une odeur peu agréable ; à côté de ce puits se voit une petite koubba, sorte de chapelle voûtée couvrant le tombeau d'une sainte musulmane vénérée, Lalla Meurdhia, qui vivait il y a environ un siècle.

Le 21, laissant la caravane suivre sa route vers le sud-est, Béringer et moi suivons la dépression de Bir Matmat ; elle se termine en cul-de-sac à peu de distance à un seuil rocheux au delà duquel est une dépression pareille ; l'ensemble présente bien l'aspect d'un thalweg desséché.

Le pays se couvre de plus en plus de sable qui forme en quelques points des dunes d'une assez grande dimension, en général c'est une plaine de sable mamelonnée avec beaucoup de végétation ; les nomades appellent nebkat cette espèce de terrain qui est très fréquente dans le Sahara.

Vers midi la caravane s'installe à proximité de Hassi Ouled Miloud, puits creusé au pied d'une grande dune appelée Erg Seyal qui domine le camp de 35 à 40 mètres. Ce puits est entouré de petites dunes couvertes de drinn où nos chameliers prennent plusieurs vipères à cornes.

Depuis Tougourt nous marchons constamment au sud-est, direction qui nous éloigne d'Ouargla ; aussi à partir de Hassi Ouled Miloud, prendrons-nous une direction sud-ouest pour nous rapprocher de cette oasis.

A quelques kilomètres du puits, la direction suivie coupe une vaste dépression que l'Erg Seyal limite au nord tandis qu'elle s'étend à perte de vue vers le sud, c'est toujours l'Oued Igharghar que nous quittons cette fois pour longtemps, car l'itinéraire que nous devons suivre à partir d'Ouargla ne rencontre cet oued qu'à quelques centaines de kilomètres au sud de cette oasis.

Au delà le pays prend un aspect tout particulier, c'est un plateau sablonneux, fortement ondulé et creusé de dhayat (1) circulaires nombreuses et profondes ; peu à peu ces dhayat deviennent plus vastes et moins profondes, ce sont de véritables cuvettes à pentes très douces que nos guides appellent sahan (assiette); le 22, nous campons à Hassi Oucia, puits peu profond creusé au fond d'une de ces cuvettes qui sont entourées de petites dunes. Le lendemain, après avoir traversé ces dunes qui forment une chaîne circulaire autour de la cuvette d'Oucia, la caravane entre dans une région pierreuse, formée de larges ondulations de terrain solide qui résonne sous les pieds de nos chevaux.

On gravit une sorte de glacis en pente douce vers le nord pour atteindre le sommet d'une chaîne de hauteurs basses que l'on franchit par

---

(1) Dhayat désigne une cuvette basse fermée de tous côtés généralement.

un col étroit enserré entre deux pitons rocheux. De l'autre côté de cette chaîne est une vaste dépression appelée Sahan el Kelb, bordée de talus à pentes raides et profondément ravinées.

Vers l'est la chaîne se replie, formant une véritable gorge assez large que nos guides appellent Oued Cida; cet oued qui a une direction sud-est, va se jeter dans l'Oued Igharghar en prenant plus au sud le nom d'Oued el Azal; au confluent se trouverait un puits nommé Hassi Megarin.

La direction suivie prend l'Oued Cida en écharpe, et, après avoir franchi le bord droit de cette vallée, nous débouchons dans une immense plaine d'une nudité absolue; le sol est couvert d'une couche de gravier siliceux mêlé de sable rassis qui forme un terrain excellent pour la marche; ce terrain, qui se rencontre assez fréquemment dans le Sahara où il forme parfois d'immenses plaines, a reçu des nomades le nom de Reg.

Pendant cinq heures nous marchons dans cette plaine désolée où aucun accident de terrain n'arrête la vue; vers le soir on installe le camp avant d'avoir atteint le Hassi Rebaïa où nous devions faire étape aujourd'hui; la provision d'eau que notre équipage porte depuis Tougourt est encore intacte et cet incident est sans importance.

Le 24 la marche reprend au point du jour ; au bout de deux heures nous atteignons le Hassi Rebaïa, puits qui est protégé par une margelle élevée, précaution trop rare dans ce pays pour qu'on ne la signale pas.

Vers le milieu de la journée nous campons au Hassi Hoffrat Chaouch ; c'est toujours la même plaine caillouteuse aussi nue et aussi désolée.

Le lendemain le pays se couvre peu à peu de nebkat où pousse en grosses touffes la graminée appelée drinn (1) ; la vue est bornée vers le sud par une longue chaîne de hauteurs abruptes qui se terminent à la partie supérieure par des plateaux parfaitement horizontaux ; ces hauteurs d'un aspect si particulier, portent le nom générique de gour (2) ; la chaîne que nous traversons aujourd'hui s'appelle Gour el Guendouz, elle a deux à trois kilomètres de largeur et un relief de 30 à 40 mètres ; un col bas, véritable

----

(1) Drinn, artratherum pongens, graminée qui pousse dans le sable des dunes.

(2) Gara, pluriel gour, mot arabe qui veut dire témoin, désigne une hauteur conique terminée par un plateau.

couloir tortueux et étroit, permet de la franchir sans peine.

Au delà de ces gour on retrouve la plaine nue et rocailleuse d'hier ; l'horizon est borné vers le sud-ouest par une chaîne de grandes dunes de sable blanchâtre qui forme un passage assez difficile de plusieurs kilomètres de longueur ; au sortir de la dune on passe à côté de la koubba de Sidi Khouilet, marabout qui est enterré à côté d'un puits ombragé par quelques beaux palmiers.

De ce point on commence à apercevoir au-dessus des contreforts de la dune les plus hauts palmiers d'Ouargla, que domine dans le lointain la masse trapue du Djebel Krima et la longue chaîne du Djebel Obad. Un peu au delà de Sidi Khouilet la vue s'étend sur le chott d'Ouargla, immense bas-fond sablonneux qui brille d'un éclat éblouissant sous les rayons verticaux d'un soleil radieux. Vers l'ouest le chott est bordé d'escarpements déchiquetés, chaîne de gour rougeâtres sur laquelle se détache la ligne sombre des palmiers de la grande oasis qui semble suspendue au-dessus d'un lac aux ondes imaginaires, effet de mirage qui est d'une netteté surprenante.

L'oasis d'Ouargla forme un paysage des plus

grandioses et qu'on ne peut regarder sans une profonde admiration ; c'est l'île de verdure avec ses frais ombrages et son eau courante perdue dans les parages les plus désolés de la mer saharienne.

A peine avons-nous mis le pied dans le chott que nous voyons un groupe de cavaliers s'avancer à notre rencontre ; c'est l'agha d'Ouargla Abdelkader ben Amar accompagné de ses caïds et d'une forte escorte de brillants cavaliers. Après les salutations d'usage, l'agha se place à côté du colonel et nous reprenons notre marche interrompue un instant, pendant que caïds et cavaliers se livrent à la fantasia la plus effrénée. Au moment où nous atteignons les premiers palmiers de l'oasis notre cortège s'augmente du capitaine Masson, qui est venu au-devant de nous, et de quelques musiciens qui nous précèdent en jouant de leurs instruments avec un entrain infatigable ; nos chevaux excités par tout ce bruit allongent l'allure et nous ne tardons pas à pénétrer dans la ville d'Ouargla, dédale de rues étroites que remplit une population très agitée et très bruyante.

Notre étape se termine sur la place de la Kasbah, vaste espace libre situé à la partie occidentale de la ville, sur lequel nous allons planter nos tentes pour quelques jours.

Nous ne chômerons pas d'ailleurs, pendant ce séjour, car c'est à Ouargla que nous devons nous organiser définitivement pour la marche au sud. Les chameaux de louage qui portent notre matériel depuis Biskra seront licenciés demain et rendus à leurs propriétaires pour être remplacés par des animaux achetés dans les tribus d'Ouargla.

Ce changement est d'ailleurs indispensable, les animaux de ces tribus étant seuls capables de résister aux fatigues et aux privations qu'ils auront certainement à supporter dans le grand désert.

C'est aussi dans ces tribus qu'il nous faudra recruter notre personnel indigène, guides et sokhars (chameliers), besogne qui ne sera pas des plus commodes, comme nous devions le constater bientôt.

Notre camp s'installe contre le mur extérieur de la Kasbah, pendant que tous les bagages de la mission sont emmagasinés à l'intérieur. L'agha nous a fait préparer une magnifique réception, moitié arabe, moitié française, d'un luxe réellement extraordinaire, surtout à Ouargla.

CHAPITRE II

Séjour à Ouargla. — Organisation de la caravane. — Rouissat.
— Les gour et les gantara. — Les grandes dunes. — Aïn
Taïba.

Nous prenons un jour de repos le 25; le
colonel confère longuement avec l'agha au sujet
des achats de chameaux et du recrutement du
personnel indigène.

L'agha n'aurait pas reçu d'instructions bien
nettes de son commandant supérieur, de sorte
qu'il est un peu embarrassé pour aider comme
il le voudrait le colonel Flatters ; cependant en
présence de l'impossibilité de demander des
ordres, Abdelkader ben Amar prend toutes ses
mesures pour nous procurer dans les meilleures

conditions possible les deux cent cinquante chameaux qui nous sont nécessaires.

Les achats commenceront le 26, ils seront traités par Masson et Lechâtelier en présence de l'agha et de la djemâa d'Ouargla.

26 février. — Nous avons à déjeuner l'agha et son beau-frère, le lieutenant de spahis, Mohammed ben Belkassem, qui est en même temps son khalifa (lieutenant); triste réception que nous leur offrons là ; Brosselard a bien fait orner notre tente de popote du mieux possible au moyen de palmes et de feuillages, mais cela ne supplée que très insuffisamment à l'exiguïté de nos ressources culinaires.

Le peu de pain qui nous reste est moisi et le vin de France est représenté par deux misérables bouteilles qu'on n'a pu remplir complètement.

Dans la journée les chameaux arrivent en grand nombre, ils sont payés comptant et reçoivent une marque au fer rouge avant d'être parqués dans un vaste fondouk que l'agha a mis à la disposition de la mission,

Le caïd des Chaamba, Ben Bissati, s'était imaginé qu'il allait être appelé à escorter la mission avec une forte troupe à mehari ; il pensait

Le Djebel Krima vu du Nord

évidemment se donner ainsi des droits à de forts profits ; le colonel lui enlève ses illusions à cet égard et lui fait sentir que sa présence dans la caravane serait au moins inutile ; le personnage en question quelque peu vexé se désintéresse dès lors des opérations, qui marchent lentement et non sans difficultés.

Les chameaux qu'on présente à la commission d'achat laissent beaucoup à désirer et on ne peut en accepter qu'un sur quatre en moyenne ; les gens qui se présentent comme guides ou sokhars demandent des prix inadmissibles.

Heureusement l'agha, qui a une très grande autorité sur ses tribus, aide le colonel de tout son pouvoir, et les affaires s'arrangent peu à peu. Les achats se font sans trop de peine pendant les trois derniers jours du mois, le matériel nécessaire au transport des bagages et de l'eau, tellis (sacs en étoffe de laine) et guerba (outres en peau de bouc), est réuni et le personnel indigène se recrute à des conditions acceptables.

Les guides recevront 4 francs par jour, les sokhars 2 francs ; il leur est avancé deux mois de solde, mais ils devront se procurer sur cette somme les vivres pour trois mois.

Le 1ᵉʳ mars nous sommes allés reconnaître le Djebel Krima qui est à dix kilomètres au sud d'Ouargla ; cette grande gara a un relief de 80 mètres environ, elle se termine par un plateau calcaire qui est bordé d'escarpements verticaux d'une hauteur variable ; la partie inférieure de la gara est recouverte de talus de sable qui s'élèvent en quelques endroits jusqu'au sommet ; un sentier de chèvres qui s'élève en zigzag avec de très fortes pentes sur son versant nord permet d'accéder sur le plateau supérieur ; au point où le sentier atteint celui-ci était installée une porte qui existe encore en partie.

Le Djebel Krima a en effet servi longtemps de refuge aux tribus qui habitaient le chott avant l'invasion de Hilal (IIᵉ siècle) ; on y reconnaît les murs informes d'un village qui était construit à la partie occidentale du plateau. Un puits de 4 mètres de diamètre et qui devait mesurer 85 mètres environ de profondeur, est creusé vers le milieu du plateau ; bien qu'il soit en partie comblé il mesure encore près de 70 mètres de profondeur ; nous revenons par la petite oasis de Rouissat, ksar des Beni Thour qui est à 6 kilomètres environ au sud-est d'Ouargla.

2 mars. — Accompagné de Béringer je suis

allé visiter le ksar d'Ouargla en détail, les rues sont très étroites, tortueuses et assez mal tenues, sauf la rue principale qui pourrait au pis aller donner passage à des voitures.

Au milieu du ksar est une vaste place carrée mesurant environ 100 mètres de côté ; elle est bordée sur tout son pourtour de galeries à arcades sous lesquelles sont installées des boutiques tenues par des Mozabites ou des gens d'Ouargla. Ces boutiques, où l'on trouve des étoffes, de l'épicerie, des objets en acier et même des armes, sont assez bien montées ; sur la place se tient le matin un marché journalier où se vendent toutes sortes de denrées alimentaires ; les bouchers débitent du mouton ou du chameau, quelquefois de la gazelle ou de l'antilope, les maraîchers vendent des oignons, des carottes et des choux verts ; le grain, orge ou blé, le fourrage vert et d'autres produits, comme le goudron, le savon, et parfois les dépouilles d'autruche, font l'objet d'un commerce assez important.

Ouargla qui compte environ 3,000 habitants sédentaires, voit sa population augmenter beaucoup en automne, à l'époque de la cueillette des dattes qui attire les nomades dans l'oasis où ils possèdent beaucoup de palmiers, les cultures de l'oasis entière comptent environ 800.000 dattiers.

Le ksar d'Ouargla est entouré d'un mur en briques crues de 4 à 5 mètres de hauteur ; ce rempart est épais de plus d'un mètre, de sorte que l'on a pu établir à son sommet en certaines parties un chemin de ronde avec mur crénelé ; des tours carrées à deux étages de feux flanquent la muraille de distance en distance ; un fossé large de 4 mètres, assez profond et rempli d'eau par les nombreux puits artésiens de l'oasis complète cette organisation défensive.

Le ksar d'Ouargla possède deux mosquées surmontées de minarets carrés assez élevés ; une de ces mosquées appartient en propre aux Mozabites (le Mzab, pays des Mozabites, est à 200 kilomètres environ ouest-nord-ouest d'Ouargla).

Nous sommes montés sur le minaret de la mosquée des Arabes ; on a une vue très belle ; de sa terrasse supérieure qui domine la ville de 35 mètres, on découvre tout le chott où l'oasis forme un îlot de sombre verdure qui mesure environ 9 kilomètres de longueur sur 8 de largeur. Cette forêt de palmiers renferme en plus

Ouargla vu du Sud

du ksar (1) d'Ouargla, les petits ksour de Chott et d'Adjadja à l'est et celui de Rouissat au sud. Entre Chott et Ouargla existe une sebkhat, lac d'eau excessivement salée qui ne s'assèche jamais ; cette sebkhat est un bas-fond qui fait partie du thalweg de l'Oued Mya, lequel traverse le chott du sud au nord.

3 mars. — Nous sommes allés voir un atelier de puisatiers indigènes qui travaillent à peu de distance du ksar ; ces puisatiers qui portent le nom de Rtassa, paraissent appartenir à une race spéciale et forment une corporation qui jouit de privilèges assez étendus ; ils creusent et entretiennent les puits artésiens de l'oasis qui sont au nombre de cent au moins.

Les Rtassa sont des plongeurs réellement extraordinaires, il restent souvent plus de deux minutes et demie sous l'eau et travaillent parfois dans 50 mètres de profondeur d'eau. Ce sont de beaux hommes qui paraissent fort intelligents, leur type est tout particulier ; beaucoup meurent dans la force de l'âge à la suite de maladies de poitrine causées par le métier pénible qu'ils exercent. Ce métier n'est d'ailleurs

(1) Ksar, pluriel ksour, désigne un village fortifié.

pas sans dangers d'un autre genre et les accidents mortels ne sont pas rares au cours des travaux de puits, soit par suite d'éboulement, soit par asphyxie au moment où la nappe d'eau mise au jour se précipite avec force dans le puits.

Ce soir le total des chameaux achetés a atteint le chiffre de 200, il en faut encore 50 et il va falloir battre le rappel dans les douars des environs. Le colonel est cependant décidé à partir le 5, jour qu'il a fixé dès son arrivée ici ; le personnel indigène est au complet.

Lechâtelier restera à Ouargla afin d'acheter les 50 chameaux nécessaires pour compléter la caravane et nous rejoindra à deux ou trois jours de marche d'Ouargla. On lui laissera une partie du personnel indigène ; ce dernier comprend 30 cavaliers à méhari (chameau de selle) et 50 sokhars, plus 4 cavaliers à cheval.

4 mars. — On organise la caravane pour le départ de demain, les bagages sont placés dans les tellis et disposés près des tentes pour pouvoir être chargés rapidement. Les membres de la mission consacrent une partie de la journée à leur correspondance ; il se passera probablement bien des mois avant que nous puissions envoyer un courrier après celui qui partira demain pour Tougourt et Biskra, porté par un cavalier à mehari.

5 mars. — Le chargement de la caravane ne peut commencer avant dix heures du matin, il manque beaucoup de sokhars, et le makhzen (garde) de l'agha est sur pied toute la matinée pour amener les manquants. Ce n'est qu'à deux heures de l'après-midi que nous pouvons nous mettre en marche pour Rouissat où nous devons camper ce soir ; l'agha qui nous a reçus à déjeuner, nous accompagne et campera avec nous ; le caïd des Beni Thour, Brahim bel Hadj Abd el Kader, doit recevoir la mission et lui offrir la diffa. Vers quatre heures les tentes sont établies et les bagages déchargés ; en attendant la diffa de Brahim nous sommes allés visiter Adjadja en passant par la petite oasis d'Aïn Beïda.

Aïn Beïda est un très beau puits artésien qui arrose quelques jardins où se trouvent les plus beaux palmiers du chott, quelques-uns de ces arbres ont plus de 25 mètres de hauteur ; d'immenses vignes mêlées à des figuiers qui poussent à l'ombre des dattiers, forment en cet endroit des masses de verdure d'un fort joli effet.

Adjadja est un petit ksar qui présente un aspect tout particulier, ses rues tortueuses et étroites sont couvertes et ne reçoivent le jour que par des ouvertures pratiquées, de loin en loin, dans les terrasses qui donnent à ces voies de communication l'aspect de galeries de mines ; l'Aïn Adjadja qui arrose cette oasis, est un magnifique puits artésien qui forme un gros ruisseau débitant plus de mille litres à la minute.

En regagnant notre camp nous traversons la partie sud du lac salé dont j'ai parlé plus haut ; le sentier très étroit que nous suivons est tracé sur une couche de sel très dure qui a la couleur et l'aspect du verre à bouteilles ; cette couche paraît suspendue au-dessus du lac dont l'eau sombre et immobile apparaît de place en place aux points où la couche saline s'est effondrée. Notre guide nous recommande de le suivre avec le plus grand soin, car il n'y a qu'une partie très étroite où cette couche, qui résonne sous les pieds des chevaux comme une voûte mince, peut porter des cavaliers sans risquer de se rompre.

Le ksar de Rouissat sous les murs duquel est établi notre camp, est une véritable forteresse carrée entourée d'un mur élevé, percé d'une

seule porte ; ce ksar a un aspect des plus rébar-
batifs, et son chef Brahim, avec lequel nous
faisons connaissance au moment de la diffa, a
une figure de bandit ; on le dit très intelligent
et très dévoué.

6 mars. — Nous quittons Rouissat à 6 heures
du matin, accompagnés par l'agha qui nous fait
la conduite jusqu'à la limite du chott qui est à
quelques kilomètres de Rouissat. Le colonel
exprime à l'agha toute sa reconnaissance pour
les bons services qu'il a rendus à la mission,
chacun serre la main à cet excellent homme qui
nous a si bien reçus et nous disons adieu men-
talement à l'Algérie et à Ouargla dont les minarets disparaissent peu à peu dans le lointain.

Le pays est monotone au possible, c'est une
plaine caillouteuse, presque dénuée de végétation sauf dans quelques parties sablonneuses
où poussent l'alenda (1), le dhomran (2), le drinn
et d'autres plantes sahariennes.

Vers midi, nous laissons à l'ouest les gour
Terfaya, hauteurs abruptes d'un aspect très

---

(1) Alenda, *ephedra alata*, conifère, petit arbuste qui
atteint 1 mètre 50 de hauteur.

(2) Dhomran, *traganum nudatum*, salsolacée, plante basse
à feuilles très charnues, très goûtée des chameaux.

Les gour Terfaya vues de Bir Terfaya

pittoresque, et nous campons à côté du Hassi
Terfaya (puits des tamarix) qui est à moitié
comblé par le sable ; la végétation est assez
belle autour de ce puits, on y voit quelques
buissons de tamarix (terfa) (1), justifiant le nom
qui lui est donné.

Dans l'après-midi le colonel nous donne ses
instructions pour l'organisation du service en
route et au bivouac ; Masson et Lechâtelier sont
chargés de la conduite de la caravane et de
l'établissement du camp ; Béringer et Roche aidés
de Cabaillot et Rabourdin ont pour mission
principale, en dehors de leur spécialité comme
ingénieurs, les observations astronomiques ;
Brosselard et moi devons lever le terrain le long
de l'itinéraire qui est relevé comme distance et
direction par Cabaillot ; Brosselard est de plus
chargé du service des subsistances et des distributions. Le camp établi en carré sera gardé
sur chaque face par un petit poste fourni par
les sokhars, ces petits postes seront établis à
portée de fusil des faces.

Pendant la nuit un des membres de la mission

_____

(1) Terfa ou ethel, *tamarix articulata* ou *gallica*, tama-
ricinée, arbre qui atteint jusqu'à 10 mètres de hauteur
dans les vallées du pays des Touareg.

veillera au centre du camp en compagnie de
son ordonnance auprès d'un feu qui sera entre-
tenu constamment ; tous les membres de la
mission sauf le colonel seront employés à tour
de rôle à ce service de garde qui durera pour
chacun deux heures consécutives. Le colonel
avait exprimé sa volonté de prendre la garde
à son tour, nous lui avons fait remarquer que
cela pourrait produire mauvais effet auprès des
indigènes, et il a renoncé à cette intention.

En route le colonel marchera généralement
en tête de la caravane accompagné de quelques
cavaliers et du guide désigné, les membres de
la mission ne devront pas s'écarter hors de la
vue de la caravane qui devra marcher aussi
bien groupée que possible.

Les ordonnances au nombre de douze sont
armés de fusils modèle 74 ; les cavaliers d'escorte et la plupart des sokhars ont des fusils de
chasse à deux coups ou des moukalas arabes.
Dans le cas d'une attaque les membres de la
mission, les ordonnances et une demi-douzaine
d'indigènes sur lesquels on peut compter, forment toute la force de la mission ; les guides et
les sokhars s'enfuiraient bien probablement au
premier coup de fusil.

En arrivant à l'étape deux caisses de cartouches modèle 74 seront placées ouvertes dans ma tente autour de laquelle nous devons nous masser en cas d'événement.

7 mars. — Nous sommes en route à 7 heures et nous marchons au sud sur une longue ligne de gour qui borde la plaine de Terfaya de ce côté. On traverse ces gour par un col étroit qui nous mène dans une grande dépression circulaire entourée de gour de tous côtés, sauf vers le sud-ouest où se voit un large couloir qui s'étend à perte de vue ; au milieu de la dépression s'élève une grande dune, l'Erg (1) Zmeïla qui fait donner à la dépression le nom d'Oued Zmeïla (zmeïla, diminutif de zmoul, dune).

Le pays devient de plus en plus mouvementé, l'itinéraire suivi traverse une suite de dépressions sablonneuses communiquant entre elles par des couloirs étroits bordés de falaises abruptes où la caravane s'allonge en file interminable ; en certaines parties le sol est rocheux

---

(1) Erg, littéralement veines, désigne dans le Sahara une grande dune de sable ou un groupe de dunes plus ou moins important ; une dune isolée s'appelle le plus souvent ghourd.

et couvert de silex mêlés de fragments d'œufs d'autruche.

Au sortir de ce dédale, où nous cheminons pendant environ deux heures, nous traversons un large oued pour gravir un plateau rocheux étroit et allongé, appelé gantara Smihri ; le mot gantara qui signifie pont, sert à désigner dans le Sahara les plateaux de ce genre bordant les grandes dépressions appelées oued, qui ne sont souvent que des bas-fonds de grandes dimensions.

La gantara Smihri est limitée au sud par des escarpements rocheux très roides que la caravane ne franchit pas sans quelques difficultés ; on met le camp vers une heure à proximité du Hassi Smihri, dans une profonde dépression sablonneuse appelée Oued Smihri ; l'eau du hassi est très salée et imbuvable, il est creusé près d'une dune isolée, l'Erg Smihri, qui est à quelques kilomètres du camp.

Le temps très couvert pendant toute la matinée, tourne à la pluie qui se met à tomber dans la soirée et ne cesse pas de toute la nuit. Le colonel a décidé que nous ferions séjour ici demain, les pâturages pour les chameaux sont très beaux dans l'Oued Smihri, et d'ailleurs il faut donner à Lechâtelier le temps de nous rejoindre.

8 mars. — Séjour. - Je suis allé, accompagné du guide Saci ben Sliman, reconnaître l'Oued Smihri vers l'est pendant que Béringer et Roche font la même opération à l'ouest ; du haut de l'Erg Smihri qui a 40 mètres de relief, on découvre bien l'oued qui s'étend à perte de vue du côté de l'est, tandis qu'il paraît fermé de l'autre côté par une gantara dont on n'aperçoit pas l'extrémité. Béringer rapporte un levé à vue du terrain qu'il a reconnu ; c'est un enchevêtrement de dépressions allongées séparées par des gantaras abruptes et très découpées qui présentent peu de passages praticables.

9 mars. — Au sortir de l'Oued Smihri nous nous engageons dans une région très tourmentée comprenant une foule de dépressions sablonneuses souvent circulaires, séparées par des gantaras rocheuses ; après 4 heures de marche dans cette région difficile nous atteignons Hassi Mjeïra où nous campons.

Ce puits assez profond contient de bonne eau en abondance, il est creusé au milieu d'une vaste dépression, espèce de cirque entouré de hauteurs rocheuses ; près du puits est une grande dune dite Erg Mjeïra. Dans l'après-midi Béringer et moi gravissons cette dune qui domine le camp de 70 mètres ; de son sommet on se rend très bien compte que la topographie du pays ne va pas tarder à changer en marchant vers le sud ; tandis qu'au nord, à l'est, et à l'ouest on ne voit que gour et gantaras, le terrain semble s'aplanir vers le sud et la vue n'est arrêtée que par une série de dunes élevées qui se pressent à l'horizon.

10 mars. — Séjour. — Lechâtelier arrive dans la matinée avec les 50 chameaux qui complètent notre convoi ; ces animaux ne sont pas en très bon état et, comme les guides assurent que nous ne trouverons pas d'eau avant cinq jours, le colonel décide que nous séjournerons encore demain ici pour refaire un peu les animaux nouvellement arrivés ; les pâturages sont très beaux dans l'Oued Mjeïra qui est couvert de nebkat avec une végétation très vigoureuse.

Ce matin nous avons reçu la visite de Si Ahmed ben Cheikh des Chaamba Guebala, ancien caïd de la tribu, qui est campé aux environs ; Béringer et le docteur Guiard vont en reconnaissance vers l'oued et lèvent le terrain de ce côté.

11 mars. — Accompagné de Saci je vais vers

l'est reconnaître un large oued dit Bou Nemel, qui vient de cette direction et se réunit à l'Oued Mjeïra à l'est de l'Erg Mjeïra ; nous sommes allés en suivant cet oued jusqu'à Hassi bou Nemel el Djedida qui est à 12 kilomètres de Hassi Mjeïra. L'Oued bou Nemel se prolonge vers le nord-est par l'Oued Lefaïa et une série de dépressions semblables qui iraient rejoindre la vallée de l'Igharghar, à deux ou trois journées de marche vers l'est.

Dans l'après-midi, on réorganise la caravane d'une façon définitive, les tonnelets et les guerba sont remplis d'eau et tout est préparé pour se mettre demain en route dès le lever du soleil ; on doit en effet faire de longues étapes de façon à atteindre le prochain point d'eau le plus tôt possible.

12 mars. — La caravane se met en mouvement à 6 heures, le terrain figure une grande plaine formée d'un sol dur, rocheux en certains points et creusé par places de dépressions circulaires mesurant deux à trois cents mètres de diamètre ; ces dépressions dont le fond est formé de nebkat reçoivent ici le nom de haoudh, elles contiennent souvent une belle végétation tandis que la plaine est d'une nudité absolue.

Béringer, le docteur et moi avons poussé une reconnaissance à l'ouest en cours de route sous la conduite de Saci, qui nous a fait passer par le Hassi el Melah, puits à demi comblé auprès duquel sont plusieurs tombes où reposent des Chaamba tués par des coupeurs de route touareg. Vers 2 heures et demie nous regagnons la caravane qui met le camp près de l'Erg Djeribia, grande dune isolée de 80 mètres de relief; il y a un puits à quelques kilomètres sud-ouest du camp, mais il ne donne plus d'eau depuis longtemps.

13 mars. — En route à 6 heures, Béringer, Roche et moi allons reconnaître le Hassi Djeribia; ce puits qui avait 15 mètres de profondeur est comblé en partie, il est dans une dépression allongée peu accusée que nos guides appellent Oued Djeribia. Au sud de cet oued la plaine se couvre de longues lignes de petites dunes de quelques mètres de relief, formant une série de rides parallèles et dirigées suivant le méridien magnétique; ce système de chaînes sablonneuses est nommé selass par nos guides.

En dehors des dunes où il y a quelques plantes et qui sont couvertes de traces de gazelles et d'antilopes, le sol est dur, pierreux, et ressemble à du macadam mal comprimé, c'est le terrain que les nomades appellent gassi.

Vers une heure et demie nous campons au pied d'une chaîne de dunes appelée Selass el Dhanoun; le dhanoun (1) est une plante bulbeuse qui, lorsqu'elle est jeune, ressemble à une grosse asperge; dans cet état elle serait comestible, les nomades grillent le bulbe et le réduisent en farine dont ils font une sorte de galette; cette plante se rencontre assez fréquemment dans tout le Sahara.

14 et 15 mars. — Pendant ces deux étapes nous marchons dans une immense plaine pierreuse que le sable recouvre de place en place; de hautes dunes isolées appelées ghourd, apparaissent çà et là augmentant de relief et de volume au fur et à mesure que l'on avance vers le sud.

Le 15, Roche, Béringer et moi, avons escaladé un de ces ghourd auprès duquel nous avions campé la veille; cette dune qui est appelée Ghourd bou Kheloula, domine la plaine de 80 mètres, malheureusement le vent souffle avec force du sud entraînant beaucoup de sable et

---

(1) Dhanoun, *phelipea violacea*, orobranchacée.

nous n'avons pas une vue aussi étendue que nous l'aurions cru. Cependant il est facile de se rendre compte que les dunes vont devenir de plus en plus rapprochées, elles semblent se toucher et former un massif compact vers le sud ; nos guides affirment d'ailleurs que l'Aïn Taïba où nous devons arriver demain est complètement entourée de hautes dunes.

Le 15, nous campons au pied du Ghourd Toumiet, double cime sablonneuse au delà de laquelle les dunes s'enchevêtrent dans un pêle-mêle grandiose. Notre camp est dans une sorte de couloir qui est comme la porte d'entrée des grandes dunes formant le massif de l'Erg ; l'ensemble des pentes nord de l'Erg s'appelle El Oudje (la face) et notre couloir est dénommé Téniet el Oudje, le col d'El Oudje.

A proximité de ce point est une dépression dans laquelle on trouve une argile blanche, semblable à la terre à foulon et que les nomades emploient comme savon ; cette argile s'appelle terba ; c'est une terre argilo-sablonneuse qui contient beaucoup de gypse.

En suivant la trace d'une gazelle qu'il avait blessée, Saci a trouvé, près du camp, le cadavre momifié d'un individu étendu sur le dos ; ce

L'Oudja de l'Erg

malheureux est probablement mort de soif, car il tient encore dans sa main crispée une guerba toute racornie.

16 mars. — Nous quittons Téniet el Oudje à 6 heures et marchons sur Aïn Taïba où, d'après nos guides, nous devons arriver avant midi ; pendant quelques kilomètres nous marchons sur un sol sablonneux ferme, peu mouvementé, formant le fond d'une espèce de cirque qui se rétrécit peu à peu, pour aboutir à une gorge étroite bordée de dunes géantes dont les hautes cimes en dominent le fond de plus de 100 mètres.

Ce défilé est sinueux et très accidenté, il est coupé en beaucoup de points par des contreforts détachés des dunes qui le bordent et certains passages présentent des difficultés assez sérieuses pour les chameaux ; cependant la marche se fait sans accident et vers 11 heures nous sommes sur le bord du profond entonnoir ou dort l'Aïn Taïba.

Cette espèce de puits naturel est un cratère d'effondrement qui a 20 mètres de profondeur et 200 mètres de diamètre à l'entrée ; le fond du cratère est occupé par une mare d'eau verdâtre mesurant 100 mètres de largeur et entourée d'une ceinture épaisse de grands roseaux.

Aïn Taïba vue de l'Ouest

Du côté est existe une large berme qui permet d'approcher de la mare, tandis que de l'autre côté les flancs sablonneux de l'entonnoir plongent dans l'eau ; de ce côté est un bouquet de palmiers. L'eau de la source est excessivement salée et imbuvable ; nos Chaamba assurent que de plus elle est empoisonnée par de nombreux cadavres de chameaux qui, pressés de boire, se sont approchés imprudemment des bords qui sont peu solides et s'y sont noyés.

Pour avoir de l'eau potable il faut creuser des puits le long de la mare à quelque distance du bord, ces puisards se remplissent rapidement d'une eau excellente ; afin d'avoir moins à creuser on doit faire ce travail le plus près possible de la mare et se débarrasser en conséquence des roseaux qui l'entourent.

A cet effet nos Chaamba mettent le feu aux roseaux qui s'embrasent en un instant et font ressembler l'entonnoir d'Aïn Taïba à un cratère en éruption. Quand le feu est éteint on trouve quelques puisards tout creusés qu'il suffit de nettoyer pour en faire usage ; dans l'un d'eux, un de nos sokhars a trouvé les débris d'un squelette qui a dû appartenir à un targui (singulier de touareg), car il a encore au bras le lourd bracelet de pierre que portent les guerriers touareg.

L'Aïn Taïba n'a pas volé son nom (la bonne source); son eau est d'une limpidité parfaite et de très bonne qualité; aussitôt que les puisards sont curés, on amène les chameaux par petits groupes à côté des puits où on les fait boire dans des abreuvoirs que les sokhars ont aménagés rapidement avec beaucoup d'habileté.

Les chameaux, qui n'ont pas bu depuis le 11 mars, absorbent en moyenne cinquante litres d'eau; la nappe d'Aïn Taïba paraît inépuisable et l'abreuvoir de nos bêtes de somme se fait avec une très grande rapidité pendant que le camp s'installe à peu de distance de la source. La mission séjournera deux jours à Aïn Taïba; ce n'est pas trop pour donner un repos nécessaire aux chameaux qui en ont besoin et faire la provision d'eau; nous devons en effet marcher 6 à 7 jours au sud d'Aïn Taïba avant de trouver un point d'eau.

17 mars. — Roche et moi procédons au sondage de la mare d'Aïn Taïba; nos Chaamba assistent à l'opération en nous regardant d'un air narquois, car ils prétendent que c'est un abîme sans fond; ils assurent qu'une caravane de 250 chameaux y a disparu tout entière. Les mesures que nous prenons avec tout le soin désirable, donnent une profondeur encore très respectable de 6 à 7 mètres.

L'eau de la mare d'Aïn Taïba est excessivement chargée de sels alcalins, elle donne à l'évaporation un résidu solide de 37 grammes 6 par litre, tandis que l'eau des puisards ne produit que 3 à 4 grammes.

A quelques centaines de mètres de l'entonnoir d'Aïn Taïba est un deuxième cratère d'effondrement tout semblable; celui-ci est en partie comblé par le sable qui recouvre la nappe d'eau d'une couche de 9 mètres environ d'épaisseur.

18 mars. — On fait la provision d'eau et on organise tout pour se mettre en route de bonne heure demain; j'ai trouvé une pointe de flèche en silex finement taillée dans le sable, c'est le premier objet de cette espèce que nous avons trouvé dans cette région.

———

CHAPITRE III

Le grand Erg et les Gassis. — El Byodh. — L'Oued Igharghar. — Temassinin.

Le 19, nous quittons Aïn Taïba dès le lever du soleil, nous avons devant nous 6 jours de marche sans eau et les étapes doivent être aussi longues que possible.

La caravane s'engage dans une sorte de vallée comprise entre deux chaînes de hautes dunes dont quelques-unes atteignent un relief de 150 mètres ; cette vallée est souvent coupée de vagues sablonneuses qui ralentissent notablement la vitesse de nos bêtes de somme. Je profite de la lenteur de la marche pour gravir avec Béringer les plus hauts sommets des dunes environnantes ; nous ne voyons que du sable, toujours du sable, en dunes plus ou moins élevées formant de longues chaînes parallèles entre lesquelles sont de profondes vallées.

La végétation est assez active dans ces vallées ; nous trouvons quelques pieds d'alenda (conifère) qui atteignent ici les dimensions de forts arbustes ; cette plante a d'ailleurs donné son nom à la vallée où marche la mission, vallée qui est dénommée Fedj Alenda (fedj, passage entre deux montagnes).

Après 5 heures de marche, nous appuyons légèrement à l'est pour sortir du Fedj Alenda, qui semble se prolonger vers le sud, et passer dans un large couloir complètement dégarni de sable et compris entre deux chaînes de hautes dunes. Ce couloir, qui a deux à trois kilomètres de largeur, s'ouvre à perte de vue, aussi bien au sud qu'au nord ; le sol de cette véritable gorge que l'on appelle Fedj Beïdha est dur, rocailleux et couvert de fragments de silex de toutes couleurs, c'est le sol appelé gassi.

Vers 3 heures la caravane se rapproche de la dune et campe au pied de celle-ci à proximité de pâturages suffisants pour les chameaux ; il n'y a de végétation que dans le sable au pied des dunes.

20 mars. — Notre départ est retardé ce matin par suite de difficultés avec nos Chaamba qui ont profité du séjour à Aïn Taïba pour voler une foule d'objets appartenant à la mission; tout s'arrange cependant et nous sommes en route à 7 heures.

Au point que nous atteignons vers 10 heures 30, le Fedj Beïda se trouve barré par une petite chaîne de dunes que nous traversons en appuyant au sud-est, pour déboucher dans un large fedj qui serait beaucoup plus étendu que celui que nous avons quitté. Il se prolongerait, en effet, au nord jusqu'au Ghourd bou Kheloula que nous avons gravi le 15 mars, sa largeur est double de celle du Fedj Beïdha; le sol est toujours le même, rocailleux et parfaitement plan. Notre guide appelle ce fedj Gassi Ghessel, du nom d'une plante, le ghessel, qui pousse en grosses touffes dans les parties du gassi où il y a un peu de sable.

Le camp s'installe à 1 heure et demie au pied des dunes qui bordent le gassi à l'ouest; toute la journée le vent a soufflé du sud-est avec violence, soulevant le sable en nuages épais qui cachent le soleil et limitent la vue à quelques centaines de mètres; ce vent brûlant qui ne cesse qu'à la nuit tombante est des plus pénibles, il est presque impossible d'écrire sous la tente autrement qu'au crayon, le sable rendant impraticable l'emploi de la plume et de l'encre.

21 mars. — Toute l'étape de ce jour se fait dans le Gassi Ghessel qui présente toujours le même aspect; l'itinéraire que nous suivons a dû être très fréquenté jadis car on y trouve de véritables sentiers parallèles, parfaitement battus, que nous utilisons; ces sentiers forment ce que l'on pourrait appeler les grandes routes du Sahara, les nomades les appellent medjbed.

Lechâtelier a poussé une reconnaissance à l'est et à gravi les dunes qui bordent le gassi de ce côté; au milieu d'un dédale de chaînes sablonneuses il a constaté l'existence de fedj nombreux, parallèles à notre gassi, mais ces fedj paraissent coupés de dunes et aucun ne présente l'aspect de ceux que nous avons parcourus jusqu'ici.

Au cours de l'étape les sokhars ont tué deux de ces serpents appelés zoreïl par les Arabes du sud de l'Algérie qui font passer ce reptile pour être excessivement dangereux. Le zoreïl serait

Le Gassi Ghessel

doué d'une vivacité de mouvement telle, qu'il pourrait blesser très grièvement un homme ou un animal par le seul fait de se lancer sur eux.

Ce serpent ressemble à une petite couleuvre, très menue, il est assez joli comme forme et comme robe ; bien qu'il passe pour très venimeux il est dépourvu de crochets. Ce qui est certain et j'ai eu l'occasion de voir le fait plusieurs fois, c'est que les cavaliers arabes voyageant dans les régions habitées par ce reptile, qui est assez rare, ne cessent pas d'examiner avec soin le chemin qu'ils suivent, et tournent bride à fond de train s'ils aperçoivent un zoreïl.

Le Gassi Ghessel est habité par des gazelles et des antilopes en grand nombre ; nous n'en profitons guère, car ces animaux sont très méfiants et l'approche de la caravane les fait bien vite disparaître dans les dunes. Par contre un animal avec lequel nos sokhars ont des rapports fréquents et involontaires, c'est le scorpion qui est très abondant, sa piqûre tout en étant fort désagréable n'est pas dangereuse.

22 mars. — A peu de distance du camp du 21, le gassi se rétrécit beaucoup puis il prend une direction sud-sud-ouest ; nous le traversons en écharpe pour franchir son bord oriental au

Téniet el Begra (col de l'antilope) et passer dans un autre gassi qui s'appelle Gassi el Adham (gassi des ossements); ce nom lui a été donné à la suite d'une ghazzia faite en 1849 par Cheikh Othman (1) des Touareg Azgar sur des Chaamba campés à Mjeïra.

Poursuivi par les Chaamba à qui il avait pris 500 chameaux, Cheikh Othman ne put faire boire ceux-ci à Aïn Taïba et sema le gassi des funèbres débris qui blanchissent le long du medjebed, mêlés à quelques tombes informes.

Le Gassi el Adham n'a pas la rectitude du Gassi Ghessel, il se partage en deux branches à peu de distance du point où nous l'avons abordé; vers 2 heures, nous campons près de son bord occidental en un point où il forme un coude assez prononcé vers l'ouest; tout le jour le vent souffle comme hier aussi fort et aussi désagréable.

23 mars. — La marche se poursuit toujours le long du bord oriental du Gassi el Adham, qui s'élargit de plus en plus; au point où nous

(1) Cheikh Othman, marabout et guerrier, fut le guide de Duveyrier dans son voyage dans le Sahara; Duveyrier l'amena à Paris en 1861, c'était un homme réellement remarquable, il est mort vers 1874.

campons vers 2 heures, c'est à peine si on distingue les dunes qui bordent le gassi à l'ouest, tant elles sont éloignées.

En arrivant nous faisons fuir une troupe d'une dizaine d'antilopes qui paissaient tranquillement en cet endroit; ce sont de jolies bêtes de robe fauve, basses sur pattes et portant des cornes très aiguës en forme de lyre, elles détalent à un galop assez lent qu'un cheval suivrait facilement au grand trot.

24 mars. — Nous devons atteindre aujourd'hui le point d'eau nommé El Byodh, perspective fort agréable, car le liquide que nous traînons depuis Aïn Taïba dans nos tonnelets est devenu exécrable, il répand une odeur infecte et a une saveur extrêmement désagréable même quand il a bouilli.

Partis à 6 heures, nous quittons bientôt le Gassi el Adham pour franchir son bord oriental et prendre la direction d'El Byodh qui est vers le sud-est; la traversée des dunes demande environ une heure, au bout de laquelle nous arrivons devant un grand espace dégarni de sable, vaste couloir nommé Gassi el Mokhanza, du nom d'un puits qui se trouve à l'extrémité nord de ce passage.

El Byodh est sur le bord oriental du gassi, près d'une sebkhat que nos guides nous montrent au pied des dunes élevées qui limitent le gassi à l'est; cette sebkhat (1) est couverte d'un dépôt salin blanc comme la neige, ce qui explique le nom qu'on lui donne : El Byodh (le blanc).

Le Gassi el Mokhanza, qui traverserait de part en part le massif des grandes dunes, a, à hauteur d'El Byodh, près de 10 kilomètres de largeur; c'est un plateau caillouteux ou rocheux coupé en certaines parties par des ravinements assez profonds et dont la traversée n'est pas des plus commodes.

La caravane met deux bonnes heures pour atteindre le bord de la Sebkhat el Byodh qui n'est guère qu'à 6 kilomètres du bord ouest du gassi ; la sebkhat est entourée de nebkat couverte d'une végétation vigoureuse, sur laquelle l'œil se repose avec plaisir en sortant de la partie rocailleuse du gassi qui est d'une aridité et d'une tristesse désolantes.

Encore une heure de marche et le camp s'installe au pied de dunes basses qui entourent une

(1) Sebkhat, lac salin plus ou moins desséché.

cuvette où l'eau se trouve à 50 centimètres de profondeur dans le sable.

Le fond de cette cuvette contient quelques touffes d'une plante à feuilles très découpées, d'un vert magnifique, et surmontées de fleurs blanc salé panaché de violet foncé; cette plante que les Chaamba appellent betthina et les Touareg falezlez, a été déjà signalée par Duveyrier; c'est une solanée (hyosciamus falezlez) qui passe pour un poison violent.

Le capitaine Masson fait creuser une grande tranchée dans le sable pour abreuver les chameaux; elle est à peine creusée qu'elle se remplit d'une eau très limpide qui est tellement abondante, que 50 chameaux buvant ensemble n'en font pas baisser le niveau.

Des puisards sont établis pour prendre l'eau à boire, quelques sybarites se font même creuser des baignoires; l'eau d'El Byodh donne un résidu solide de 6 grammes par litre, résidu qui renferme du sulfate de magnésie et surtout du chlorure de sodium. Elle nous paraît un nectar à côté de l'eau putréfiée que nous buvions hier, mais elle est douée de propriétés laxatives énergiques que nous constatons au bout de quelques heures.

Nous séjournerons deux jours ici ; les animaux ont besoin d'un peu de repos et le matériel de la mission réclame des réparations impérieuses ; les pâturages à chameau sont magnifiques autour de la sebkhat.

Nos sokhars ont tué plusieurs vipères à cornes en traversant le gassi, où elles sont très nombreuses dans les parties rocheuses ; deux de ces animaux paraissent appartenir à une espèce nouvelle qui est remarquable par les couleurs vives de sa robe ; le fond de celle-ci est un bleu azur aussi éclatant que les ailes de certains papillons, des taches jaune clair avec une moucheture noire au centre se détachent sur ce fond, dont la jolie couleur jure avec les formes trapues et repoussantes de ce reptile qui est excessivement venimeux. La plus grande de ces deux vipères mesurait près d'un mètre de longueur ; j'en ai fait une grossière aquarelle pour le docteur qui craint que ses belles couleurs ne disparaissent dans l'alcool où il va placer l'animal.

25 mars. — Séjour. — Plusieurs membres de la mission vont reconnaître les environs d'El Byodh ; ce point paraît situé à la limite occidentale d'un massif de dunes assez étendu à l'est duquel existerait un gassi ayant une direction sud-est.

26 mars. — Séjour. — Dans la nuit du 25 au 26 mars, les sokhars de garde ayant cru voir un feu dans les dunes ont jeté l'alarme dans le camp; en un clin d'œil, tout le monde prend les armes, les Chaamba qui n'ont pas de fusils cherchent à s'emparer des armes que la mission tient en réserve; c'est un joli désordre qui montre combien tous ces gens-là sont nerveux et peu susceptibles d'être utiles dans le cas d'une alerte sérieuse, ce n'est pas le cas aujourd'hui heureusement et tout le monde ne tarde pas à se calmer.

Je suis allé visiter les plantations de palmiers qui sont près d'El Byodh; il y a deux groupes de 40 à 50 palmiers plantés dans des bas-fonds semblables à celui où nous sommes campés, on trouve l'eau à un ou deux pieds de profondeur dans ces bas-fonds.

Ces plantations qui sont dues, paraît-il, à Cheikh Othman, sont vigoureuses et prouvent que le bas-fond d'El Byodh, où l'eau se trouve partout à peu de profondeur sur une étendue de plusieurs kilomètres carrés, pourrait être facilement transformé en une grande oasis.

Malheureusement El Byodh marque la limite des terres de parcours des Chaamba et des

Touareg, et la sécurité d'une oasis placée entre ces deux races toujours en bisbille serait des plus précaires. Nous quittons donc demain le pays qui dépend encore de nos nomades algériens pour nous engager dans le pays des Touareg.

Le colonel a envoyé aujourd'hui quelques cavaliers à mehari pour reconnaître le pays en avant; ces hommes sont revenus à la nuit tombante sans avoir rien vu de particulier, le pays paraît vide devant nous.

27 mars. — En quittant El Byodh, la caravane marche droit au sud pour franchir le massif des dunes par un couloir sablonneux qui ne présente aucune difficulté; on traverse deux petites sebkhat, puis, après avoir reconnu un troisième groupe de palmiers situé à 6 kilomètres d'El Byodh, nous nous engageons dans une vaste dépression à fond terreux, parsemée de petits monticules portant chacun un gros buisson de tamarix.

A 8 kilomètres d'El Byodh, nous atteignons l'oudje (la face) sud des grandes dunes et nous tournons brusquement à l'est-sud-est pour en suivre le pied; l'itinéraire suivi s'éloigne peu à peu des dunes qui disparaissent bientôt derrière une ligne de gour rocheuses qui cache tout le pays au nord, tandis que la plaine s'étend sans limites au sud.

Le sol est rocheux, de couleur noir foncé, c'est la hamada (1) (la brûlée) dans toute sa triste nudité. Vers midi, à 25 kilomètres environ d'El Byodh, la mission s'engage dans un profond ravin bordé de falaises à pic de 4 à 5 mètres de hauteur ; c'est un véritable oued à fond argileux où il y a une végétation assez vigoureuse, cet oued nommé Oued Safia a coulé récemment ; un bas-fond garde encore une certaine quantité d'eau formant un ghedir (litt[t] traître, point d'eau sur lequel on ne peut compter).

Nous campons vers une heure et demie dans le lit de cet oued en un point où il reçoit un petit affluent qui vient de l'est.

28 mars. — La caravane chemine toujours dans le ravin où elle a campé hier, à 3 kilomètres du camp, on passe à côté d'un ghedir contenant 0^{m}20 d'excellente eau ; on en profite pour remplir quelques tonnelets, car l'eau prise à El Byodh est arrivée à un degré de salure tel qu'elle est presque imbuvable.

_____

(1) On appelle hamada, dans le Sahara, les plateaux rocheux et dénudés.

Vers 8 heures, nous quittons l'Oued Safia pour gravir le plateau qui le borde au sud, plateau rocheux sur lequel on marche jusqu'à 10 heures ; on traverse quelques ravines qui vont rejoindre l'Oued Safia que l'itinéraire suivi laisse à peu de distance au nord, pour s'en rapprocher ensuite et le franchir à sa tête, qui est marquée par un petit col compris entre deux mamelons rocheux.

A peu de distance de ce col, nous atteignons la crête d'escarpements fort découpés qui dominent de 60 à 80 mètres le lit de l'Oued Igharghar, qui vient du sud et décrit en ce point un coude brusque vers l'est. Un sentier excessivement difficile, encombré de roches énormes, permet de descendre dans le lit de l'oued qui est plan, sablonneux et large de 2 kilomètres environ ; un ravinement assez profond existe au pied des berges gauches du lit, en aval du coude signalé plus haut.

La caravane ne franchit pas sans peine ce passage où les chameaux marchent avec une lenteur bien compréhensible et une adresse vraiment admirable. Nous faisons une halte assez longue dans l'oued pour réunir la caravane qui s'est allongée beaucoup, puis la marche reprend sans accident; on franchit l'oued en écharpe pour aborder sa berge droite par un ravin sablonneux qui l'échancre profondément. Cette berge n'a pas plus de 15 à 20 mètres de hauteur et ne présente pas de difficultés sérieuses.

Dans le lit de l'oued nous avons recueilli des coquilles d'eau douce et des fragments de lave de couleur brune ou noirâtre.

Au sud de l'Igharghar, nous traversons un plateau de hamada, couvert de gros fragments de calcaire gris présentant l'aspect d'un dallage informe tout disloqué. Ces amas rocheux affectent les formes les plus étranges, on croirait voir parfois de gigantesques ossements brûlés par le soleil, et la vue de ce paysage d'une désolation lugubre, auquel le jour faux d'un soleil de siroco donne une teinte blafarde, produit une impression de tristesse difficile à rendre. Toutes ces roches basculent sous les pieds et rendent la marche très dure pour tous, d'autant plus que la chaleur est réellement torride aujourd'hui.

Le vent souffle avec violence du sud-ouest, chassant le sable qui nous brûle la figure; c'est dans ces moments que l'on comprend l'utilité du voile que portent les Touareg et que nous

avons adopté pour la plupart, sous la forme
d'un haïk (1) qui préserve en même temps le cou
et les épaules du soleil. Quand le vent souffle
ainsi on relève le haïk jusqu'aux yeux, de façon
à laisser un intervalle aussi petit que possible
entre cet effet et la visière du casque que nous
portons tous.

Après une heure et demie de marche nous laissons derrière nous cette affreuse hamàda pour
descendre dans une vaste dépression sablonneuse bordée de gour élevées, formées de couches superposées de calcaire et de marne
verdâtre ; au milieu de cette dépression se voit
un piton aigu composé uniquement de marne,
dont les contours bizarres à arêtes très accusées
rappellent à s'y méprendre les formes des dunes.

Vers 3 heures le camp s'installe au pied d'une
chaîne de petites dunes de sable blanchâtre où
pousse une maigre végétation ; nos pauvres
chameaux n'auront pas grand'chose à se mettre
sous la dent aujourd'hui.

Le vent est si fort qu'on ne peut dresser les
tentes qu'assez tard dans la soirée, moment

---

(1) Haïk, large bande d'étoffe que les Arabes placent
sur la tête et dont une partie couvre la poitrine.

où il tourne à l'ouest puis à l'ouest-nord-ouest en diminuant de force pour tomber brusquement vers 10 heures du soir.

29 mars. — Laissant à droite les petites dunes où nous avons campé, nous montons en pente douce sur un plateau caillouteux parsemé de petites dhayat sablonneuses, où pousse un peu de dhomran sur lequel nos chameaux se jettent avec avidité. L'itinéraire laisse dans le nord une longue ligne de gour déchiquetées dirigée ouest-est dont on ne voit pas l'extrémité orientale.

Vers 10 heures nous arrivons sur la crête d'escarpements élevés, que nous franchissons en suivant un ravin tortueux à parois très escarpées qui nous conduit, au bout d'un kilomètre de descente facile, dans une dépression à fond terreux que nos guides appellent Oued Djoua.

Cet oued est compris entre un massif de dunes de hauteur moyenne et les escarpements dont j'ai parlé plus haut, ceux-ci sont de véritables falaises de marne et de calcaire en bancs épais, qui ont une cinquantaine de mètres de hauteur ; cette falaise est connue sous le nom de Tinadaouda.

On suit pendant 6 à 8 kilomètres le pied du Tinadaouda qui augmente de relief jusqu'à atteindre plus de 80 mètres; nous nous en écartons bientôt pour gagner Temassinin qui est dans un massif de dunes à 3 kilomètres au sud.

L'oasis de Temassinin ou zaouïa Sidi Moussa (1) est si bien cachée dans les dunes qu'on ne la voit qu'au moment où on y arrive; vers 2 heures, nous contournons les jardins de palmiers de la petite oasis et venons mettre notre camp à l'est de ceux-ci.

Temassinin comprend une sorte de bordj (2) en briques crues, carré bastionné en assez mauvais état, la zaouïa de Sidi Moussa et les jardins qui comptent 150 à 200 palmiers assez beaux.

Les jardins, entourés d'une murette en toubes (3), sont arrosés par un puits artésien de 12 mètres de profondeur, qui donne une eau excellente en quantité assez faible. La zaouïa de Sidi Moussa est à l'est des jardins, elle comprend plusieurs petites constructions inhabitées et la koubba qui recouvre la sépulture du marabout; celle-ci est une pyramide assez élevée

---

(1) Sidi Moussa, marabout des Touareg Ifoghas, dont la mémoire est très vénérée.

(2) Bordj, maison fortifiée.

(3) Toubes, briques en terre séchées au soleil.

Timassinin, vu du Sud

à arêtes courbes et dentelées, l'intérieur de cette koubba est richement orné, dit-on.

Dans le bordj habite un nègre avec sa femme et cinq enfants; cet individu, qui se nomme Sliman ben Abd er Rahman, est le gardien de la zaouïa; il cultive un peu d'orge et quelques légumes à l'ombre des palmiers, qui appartiennent aux Touareg Ifoghas. Comme toute honnête caravane doit le faire en passant à Temassinin, nous donnons à la zaouïa représentée par Sliman, un chameau, quelques outils et de petits cadeaux pour sa femme et ses enfants. En revanche, Sliman nous apporte de l'orge verte pour nos chevaux qui n'ont pas vu de fourrage depuis qu'ils ont quitté Biskra, de plus il nous offre quelques légumes frais, oignons et carottes, qui sont les bienvenus, car nous sommes réduits aux conserves depuis Ouargla.

Béringer et Roche, qui ont quitté la mission en route, pour reconnaître le Tinadaouda vers l'est, ne rentrent au camp que très tard; ils ont rapporté une collection de fossiles assez remarquable et des renseignements d'une certaine valeur, mais le colonel, qui a été assez inquiet de les savoir loin du camp, leur reproche justement de s'être trop écartés de la caravane.

Nous devons séjourner plusieurs jours ici ; le colonel espère pouvoir entrer en relations avec les Touareg Azgars, dont quelques fractions campent souvent à proximité de Temassinin ; il essaiera demain d'obtenir de Sliman des renseignements à ce sujet.

Les chameaux sont allés boire cette après-midi à deux puits qui se trouvent à 5 kilomètres à l'est du camp ; ces puits, qui ont 1ᵐ50 de profondeur, sont entourés d'une cinquantaine de palmiers, ils donnent de bonne eau en très grande quantité.

30 mars. — Séjour. — Le colonel a une longue conférence avec Sliman qui lui apprend que les Ifoghas sont campés à plusieurs jours de marche au sud ; il prétend d'ailleurs que l'Oued Igharghar, au sud de Temassinin, serait très difficile à suivre en raison du manque d'eau et de pâturages ; il faudrait compter cinq longues journées dans le Reg sans végétation pour atteindre Amguid, premier point où se trouve de l'eau. Dans ces conditions, il est nécessaire que la mission appuie à l'est pour trouver les Ifoghas et leur demander des guides, afin de pousser ensuite au sud, direction où les Chaamba ne veulent pas nous conduire. Pour

préparer les voies, le colonel envoie en avant
Sghir ben Cheikh, chaambi qui est marié avec la
fille d'Abd El Hakem chef des Ifoghas. Sghir
emporte des lettres pour celui-ci, pour El Hadj
Ikhenoukhen, grand chef des Touareg Azgars, et
pour les cheikhs des Oraghen et des Moghasaten,
principales tribus azgars.

31 mars. — Séjour. — Nous quittons Temas-
sinïn demain ; on renouvelle la provision d'eau
et Brosselard fait remanier les chargements du
convoi des subsistances, grosse opération qui
n'a pu encore être faite d'une façon sérieuse.

Dans l'après-midi, j'ai gravi une des grandes
dunes qui entourent Temassinin, l'air est d'une
extrême pureté aujourd'hui, et la petite oasis
avec le fond de dunes et de falaises sur lequel
elle se détache, forme un paysage vraiment joli
que je regarde longuement.

Au premier plan, sont les jardins et la zaouïa
de Sidi Moussa, puis ce sont les dunes qui
étincellent comme de la poudre d'or sous le
soleil qui décline et qui en estompe fortement
les pentes ; plus loin, apparaît avec une netteté
surprenante la longue chaîne du Tinadaouda
que le soleil prend en écharpe en accusant tous
ses détails d'une façon merveilleuse ; les gour

Les berges de l'Ighargar à Timassinin

découpées en surfaces coniques d'une régularité parfaite présentent un aspect si étrange que l'on se croirait devant un décor inventé à plaisir, tellement toutes les couleurs imaginables s'y mêlent dans un pêle-mêle fantasque.

Le rouge, le vert et le bleu se côtoient sans se heurter et forment un ensemble très harmonieux qui prend un éclat particulier au moment où le soleil va disparaître à l'horizon.

CHAPITRE IV

Encore dans les dunes. — Le Khanfousa. — La vallée des Ighargharen et le Tassili des Azgars. — Tebalbalet. — Les Touareg. — Aïn el Hadjadj.

1ᵉʳ avril. — Nous quittons Temassinin à 6 heures; Sliman nous fait la conduite pendant quelques centaines de mètres, puis il regagne son ermitage en nous souhaitant toutes sortes de bonnes choses. L'itinéraire suivi est droit au sud, à travers un massif de petites dunes entre lesquelles la caravane serpente sur une nebkat mouvementée; la végétation est abondante et comprend surtout des graminées, drinn, seffar (1) et sehad (2).

---

(1) Seffar, *artratherum brachyaterum*, graminée.
(2) Sehad, graminée.

6

Vers 8 heures nous abordons un large fedj à fond sablonneux, parfaitement plan, qui devient peu à peu pierreux, puis rocheux et sur lequel s'établit le camp vers midi, au pied d'une grande dune située au sud-ouest. Béringer, le docteur et moi, gravissons cette dune qui domine le camp de 50 à 60 mètres ; du haut de cet observatoire, on ne voit que des dunes sauf du côté sud-est où le grand fedj dans lequel est le camp s'étend à perte de vue.

2 avril. — Dans la nuit du premier au deux s'élève un vent d'ouest-sud-ouest, très violent, très chaud et d'une sécheresse extrême, qui secoue nos tentes d'une façon inquiétante, en produisant des manifestations électriques des plus curieuses ; on ne peut approcher la main de la toile des tentes sans en tirer une étincelle, deux couvertures que l'on sépare brusquement donnent lieu à une véritable nappe lumineuse qui pétille vivement.

Nous suivons le bord occidental du fedj où nous avons campé hier, le sol est rocheux le plus souvent et couvert parfois de débris de grès noirâtre parmi lesquels on trouve des silex taillés en couteaux, haches ou pointes de flèches.

Vers 8 heures la caravane oblique à l'ouest et

s'engage dans le massif des dunes où elle marche le reste de l'étape ; sauf en deux ou trois endroits, où l'on est obligé de traverser des ondulations de sable à pentes raides, ce massif largement ondulé ne présente aucune difficulté.

Nous campons vers midi à l'extrémité sud d'un plateau sablonneux couvert de seffar qui forme une véritable prairie de 2 à 3 kilomètres de diamètre ; le camp est au pied d'une grande dune qui le domine d'une centaine de mètres.

De son sommet, que nous gravissons Béringer et moi, on distingue à une dizaine de kilomètres au sud le Djebel Khanfousa, montagne de grès noir noyée dans la dune, et qui est comme la sentinelle avancée du massif central saharien.

Dans la soirée, pendant que nous sommes en train de dîner, un ouragan d'une violence inouïe éclate avec une soudaineté surprenante ; en un instant, nos tentes sont abattues pour la plupart, nous ne maintenons debout celle où nous sommes réunis qu'en nous cramponnant tous à la toile, le tonnerre gronde d'une façon terrible et une pluie diluvienne tombe sur notre malheureux camp déjà tout désorganisé.

Cette trombe ne dure heureusement que peu de temps, une heure environ, mais le vent continue à souffler en tempête jusque vers minuit et on ne peut arriver à rétablir les tentes avant cette heure. Les chameaux étaient rentrés depuis longtemps du pâturage ; couchés et entravés ils n'ont pas eu à souffrir de l'ouragan qui aurait amené la perte d'un certain nombre d'animaux s'il s'était produit pendant la journée.

3 avril. — Au jour le camp présente un très triste aspect, une foule d'objets ont été emportés par le vent ou sont enfouis dans le sable, nos approvisionnements n'ont pas trop souffert, mais il manque pas mal de papiers qui sont allés, Dieu sait où ! Les sokhars en ont recueilli un grand nombre et nous les rapportent ; heureusement les levés et notes journalières se retrouvent au complet et les quelques documents définitivement perdus n'ont pas une bien grande importance.

Vers 6 heures et demie nous sommes en route, il fait humide et presque froid ; gens et bêtes sont très fatigués par suite de l'ouragan d'hier et la caravane se traîne péniblement dans une région mouvementée et assez difficile. Vers 10 heures, nous sommes au pied du Khanfousa (scarabée), que nous avons en vue environ depuis 2 heures ; cette montagne qui indique

que nous allons entrer bientôt dans un pays nouveau, a bien la forme d'un gigantesque coléoptère faisant le mort sur le sable qui monte à l'assaut de ses pentes abruptes.

Au moment où la caravane atteint l'extrémité ouest de cette montagne, Béringer, Roche et moi, cherchons à en faire l'ascension qui est assez pénible ; mes camarades embarrassés de leurs chevaux, y renoncent bientôt et me laissent continuer seul. Au bout de trois quarts d'heure de montée très dure, que je fais tantôt à pied tantôt à cheval, j'ai pu atteindre le sommet du Khanfousa qui domine la plaine environnante de 220 mètres.

Cette montagne, qui mesure environ 5 kilomètres de long sur 2 de large, est un massif trapu de grès noir, à pentes très raides du côté nord ; du côté opposé les pentes moins raides sont profondément échancrées par de nombreux ravins sinueux. Je suis descendu par un de ces ravins qui est un couloir étroit bordé de falaises à pic, le fond est sablonneux et en pente douce ; j'y ai fait la rencontre d'un mouflon qui a gagné le haut de la falaise en quelques bonds prodigieux, avant que j'aie pu même armer mon fusil. Plus loin le ravin contient, dans un petit élargissement, un groupe de quelques gommiers (1) à l'ombre desquels je fais une courte halte ; ce sont les premiers arbres de cette espèce que nous ayons rencontrés.

Au sortir de ce ravin, je rejoins rapidement la caravane qui est en train d'installer le camp dans un bas-fond sablonneux, à 5 kilomètres au sud de Khanfousa ; au sud-ouest de cette montagne s'étend une plaine terreuse assez vaste dans laquelle on trouve des débris de poterie, des entraves de chameaux et d'autres objets abandonnés, indiquant que les Touareg viennent camper de ce côté à certaines époques de l'année, en hiver disent les Chaamba.

4 avril. — D'après ce qu'assurent les guides nous devons sortir de la dune aujourd'hui ; en effet, au fur et à mesure que nous avançons, le sable est en couche moins épaisse et forme de longues ondulations minces, entre lesquelles le sol rocheux apparaît de place en place.

Vers 7 heures, après avoir franchi une dernière ride de sable, nous abordons une large vallée à fond plat, bordée à l'ouest de montagnes

---

(1) Gommiers, en arabe tolha, *acacia arabica*, arbre épineux, légumineuse, atteint 6 à 8 mètres de hauteur, forme souvent des bois d'une certaine importance.

Le Kanfousa, vu du Nord

rocheuses, et à l'est de dunes de hauteur moyenne; au sud une longue chaîne de hautes montagnes semble la fermer complètement.

Nous sommes dans la vallée des Ighargharen et les montagnes qui sont devant nous sont les premiers contreforts du Tassili des Azgars, que le seul Ismaïl bou Derba, interprète militaire indigène, avait vu avant nous en 1858.

Cette vallée se présente ici sous la forme d'une vaste plaine couverte d'une belle végétation et sillonnée de ravines peu profondes, bordées de beaux gommiers que l'on dirait plantés régulièrement.

Après tant de jours passés dans cet affreux désert, qui sépare l'Algérie du pays des Touareg, on est vraiment heureux de contempler toute cette verdure qui présente l'aspect d'une véritable prairie.

Nous marchons droit au sud sur un mamelon assez élevé, qui semble terminer la chaîne que nous avons à l'ouest et dont nous suivons le pied. Vers 8 heures, nos guides nous montrent une cavité peu profonde, à moitié remplie de sable, auprès de laquelle est un petit palmier et quelques touffes de betthina, c'est une source appelée Touskirin ; il suffirait de creuser à quelques pieds de profondeur pour avoir de l'eau excellente.

Laissant mon cheval à la garde d'un sokhar, je me dirige, accompagné de Béringer, vers le mamelon dont j'ai parlé plus haut, mamelon que nous gravissons non sans peine ; il est, en effet, formé de couches presque horizontales de grès noir, disposées en escaliers géants tout disloqués. Le sommet du mamelon domine la vallée de 145 mètres environ ; du haut de cet observatoire, qui forme cap entre la vallée principale et une vallée secondaire venant du nord, on a une vue très complète sur la région située à l'ouest, au sud et à l'est.

A l'ouest, la vallée secondaire forme une gorge rocheuse limitée par une chaîne de hauteurs basses, profondément ravinées, au-dessus desquelles se montrent, dans le lointain, les sommets de hautes dunes ; le fond de cette vallée est marqué par un thalweg sinueux où poussent de nombreux gommiers, et qui va rejoindre le thalweg de la vallée principale à 7 ou 8 kilomètres au sud. De ce côté, l'Oued Ighargharen s'étend à perte de vue, dominé par la chaîne abrupte du Tassili, dont quelques sommets paraissent fort élevés.

La vallée des Ighargaren à Tébalbalet

A l'est, c'est un fouillis de dunes grandes et petites, comprenant des bas-fonds pierreux, allongés, espèces de petits fedjs qui se détachent en noir sur la teinte fauve et uniforme du sable.

Pendant que je fais ce tour d'horizon, la caravane met le camp auprès du puits de Tebalbalet, qui est au pied même du mamelon où je suis. Sur le versant oriental de cette montagne, on remarque un curieux monument dont nos guides ignorent l'origine ; il comprend deux tumuli en blocage de 2 à 3 mètres de hauteur, entourés de deux grands cercles concentriques très réguliers et construits de la même façon ; c'est bien probablement un tombeau.

L'extrême cap sud de la montagne est surmonté d'une pierre levée d'assez grandes dimensions ; d'après nos Chaamba, ce serait un signal permettant de reconnaître de loin le puits de Tebalbalet. La montagne auprès de laquelle est ce puits est si caractérisée et si facile à reconnaître, que ce monument a dû certainement être élevé dans un autre but.

Le puits de Tebalbalet est profond de 4 à 5 mètres, il est très large et revêtu en pierres sèches ; son eau est excellente et paraît assez abondante. A proximité de ce puits est un groupe de deux ou trois palmiers et un magnifique gommier qui mesure 7 à 8 mètres de hauteur.

Tebalbalet a dû être habité jadis ; on y remarque, en effet, les ruines de constructions en toubes d'une certaine importance et quelques sépultures, parmi lesquelles est un tombeau de grande dimension maçonné avec beaucoup de soin, et qui ne doit pas être bien ancien, car il est en excellent état.

D'ailleurs il semble que ce point devait être habité il n'y a pas bien longtemps, car il y a encore des traces parfaitement visibles de jardins et de cultures assez étendus.

L'eau se renouvelle assez lentement dans le puits, car, après avoir rempli les tonnelets et les guerbas de notre équipage et avoir fait boire la moitié de nos chameaux, il se trouve à sec ; il se remplira cette nuit et nous ne nous mettrons en route qu'après avoir abreuvé tous nos animaux.

5 avril. — Nous sommes en route à 7 heures ; la caravane devant suivre le bord septentrional de la vallée le long des dunes où le terrain est plus facile pour la marche, nous la quittons, Roche et moi, pour aller reconnaître la montagne au sud et tâcher d'atteindre un col très accusé qui ne semble pas bien éloigné.

Vers 10 heures nous atteignons le pied de la montagne au débouché d'un profond ravin qui vient du sud-ouest, une espèce de sentier règne le long de son bord méridional ; nous le suivons pendant une heure sans nous approcher bien sensiblement de la crête qui est encore fort loin, de plus le terrain devient de plus en plus difficile et nous avons perdu de vue depuis longtemps la caravane qui a disparu dans le sud-est.

Aussi renonçons-nous à pousser plus avant et, pour rejoindre plus vite l'itinéraire suivi par la mission, nous prenons une direction sud-est en suivant le fond d'un ravin qui paraît conduire de ce côté.

Ce ravin est une véritable gorge enserrée entre deux berges à pic qui s'élèvent de plus en plus au fur et à mesure que nous avançons ; ce couloir étroit est encombré de roches énormes et de cailloux roulés qui rendent la marche des plus difficiles ; il nous faut bientôt renoncer à rester à cheval et c'est avec la plus grande peine que nous parvenons à avancer, en portant pour ainsi dire nos malheureux chevaux que nous faisons passer l'un après l'autre.

Notre ravin décrit d'ailleurs des sinuosités sans nombre ; quand nous atteignons son débouché il est plus de midi et c'est à peine si nous avons fait 2 kilomètres, le terrain est d'ailleurs excessivement difficile sur plusieurs kilomètres de ce côté de la vallée et nous ne pouvons remonter à cheval que vers une heure.

A ce moment nous sommes tout étonnés d'apercevoir quelques chameaux conduits par deux indigènes qui paraissent être des gens de notre caravane ; quant aux animaux, ils sont sans bâts et ne doivent pas appartenir à la mission ; ils passent trop loin de nous pour que nous puissions demander des renseignements à leurs conducteurs.

Le terrain devient meilleur au fur et à mesure que nous avançons vers le sud-est et nous pouvons bientôt prendre le trot ; à 3 heures nous reconnaissions les traces de la caravane et à 4 heures nous étions au camp où on était quelque peu inquiet sur notre compte.

Le colonel est mécontent de cette longue reconnaissance ; nous nous excusons de notre mieux en disant que nous ne pensions pas être si longtemps éloignés de la caravane ; ce qui a augmenté les inquiétudes du colonel, c'est qu'en cours de route on avait rencontré des chameaux pâturant dans la vallée. Le colonel en avait conclu qu'il y avait quelque campement de Touareg dans les environs et il craignait que nous n'ayons fait quelque mauvaise rencontre.

Il avait envoyé un cavalier à mehari et deux sokhars chercher les chameaux que les Chaamba avaient bien reconnu comme appartenant aux Touareg, c'étaient les animaux que nous avions aperçus en revenant de notre excursion.

Au sud du point où nous sommes campés s'ouvre une large vallée qui traverserait le Tassili des Azgars de part en part pour déboucher à 4 ou 5 journées de marche au sud dans la grande plaine où se trouve la célèbre sebkhat d'Amadghor. A l'entrée de cette vallée, qui s'appelle l'Oued Maston, se trouve un pic élevé qui est à 35 kilomètres environ au sud du camp, ce pic a un relief d'au moins 400 mètres.

Béringer et le docteur ont fait une petite reconnaissance du côté de cette montagne qu'ils ne croyaient pas si éloignée; après une heure de marche, ils se sont bien vite rendu compte de leur erreur et sont rentrés au camp.

6 avril. — Nous sommes en route à 6 heures et marchons droit au sud-est en nous écartant peu à peu des dunes, contre lesquelles nous avons campé hier. L'itinéraire suit à peu de chose près le milieu de la vallée et se rapproche des montagnes, qui forment une série de caps, entre lesquels s'ouvrent de profondes vallées ; le sol est ferme et excellent pour la marche.

Vers 8 heures, nous voyons s'avancer deux cavaliers à mehari qui se portent au-devant de nous au grand trot de leurs montures ; ce sont deux Touareg. Après avoir échangé quelques mots avec les guides chaamba qui marchent en avant de la caravane, ils mettent pied à terre et, debout à côté de leurs mehara, ils attendent le colonel qui est descendu de cheval et se porte à leur rencontre ; nous suivons tous à quelque distance en arrière.

Le colonel engage la conversation avec le plus important de ces deux hommes, qui a fait quelques pas en avant, sa lance à la main ; le Targui Aokha ben Chaoui, qui est un des principaux personnages de la tribu des Ifoghas Nouquiran, connaît suffisamment l'arabe pour répondre aux questions de notre chef ; quant à son compagnon, il semble être un très mince personnage.

Il raconte qu'il est parti des campements de sa tribu, qui sont à l'Oued Ilizi, pour aller à la recherche de chameaux égarés, il a rencontré Sghir ben Cheikh, à qui il a indiqué l'endroit où étaient campés les Ifoghas ; ceux-ci enverront sous peu une députation à notre rencontre. Quant à El Hadj Ikhenouken il serait actuellement à Ghat ou plus au sud, et il faudrait que nous allions jusque dans cette ville pour nous aboucher avec le grand chef des Azgars. D'ailleurs Aokha est très réservé et parle peu ; le colonel l'informe que nous avons trouvé des chameaux qui pourraient bien être ceux qu'il cherche ; après s'être assurés du fait, les Touareg remontent à mehari et la conversation en reste là pour le moment.

En somme, Chaamba et Azgars ont le même but, nous forcer à passer chez ces derniers qui comptent tirer bon profit de notre présence ; avec l'organisation donnée à la mission, qui est dans la dépendance absolue de son personnel indigène, on ne peut malheureusement songer à prendre la direction sud sur le Djebél Hoggar. D'ailleurs le grand chef des Touareg Hoggars, Ahitaghel, serait campé très loin dans le sud et, même en supposant qu'on trouve un homme de

7

bonne volonté pour lui porter une lettre, ce qui est très problématique, il serait nécessaire d'attendre plusieurs semaines pour avoir une réponse. Dans de semblables conditions nous ne pouvons songer à nous écarter de la direction de Ghat qui, pour le moment du moins, est une étape obligatoire. Le colonel espère cependant qu'il pourra encore, grâce à l'appui des Ifoghas que nous verrons sous peu, éviter ce détour par l'est qui retarderait beaucoup la marche de la mission vers le Soudan.

Après une courte halte la caravane reprend sa marche; Aokha et son compagnon se sont joints aux guides après avoir recommandé qu'on ne les approchât pas avec les chevaux qui sont un objet d'effroi pour leurs mehara.

Notre Targui est en grande tenue de guerre; son habillement comprend un large pantalon et une blouse serrée à la taille par une ceinture en cuir rouge; ces vêtements sont en cotonnade bleu foncé; il est coiffé d'une chéchia entourée d'un turban noir qui se rabat en visière sur le front, laissant un faible intervalle entre elle et le voile noir qui couvre tout le bas de la figure. Comme armes, Aokha porte la lance en fer barbelée et un poignard fixé au bras par un bracelet en cuir; un fusil double à piston et un revolver à percussion centrale sont suspendus à la selle de son mehari, ainsi que l'épée à deux mains, arme favorite du Targui; son compagnon est armé de la lance, du poignard de bras et de l'épée, il n'a pas d'arme à feu.

Vers 11 heures, nous traversons le thalweg de la vallée, qui est très resserrée entre les pentes de la montagne, lesquelles s'avancent en cap vers le nord, et un mamelon isolé que nous laissons à notre gauche.

Dans cette espèce de gorge la végétation est vraiment magnifique; le drinn et une crucifère épineuse, nommée chebrog (1), forment de gros buissons sur les bords du thalweg dont le lit est couvert de coloquintes; un peu plus loin nous traversons un véritable bois de gommiers.

Au sortir de ce dernier, on laisse à 6 ou 7 kilomètres au nord une montagne curieuse qui est noyée dans les dunes comme le Khanfousa; cette montagne, qui se nomme Tikbaben, comprend deux pitons de grès noir très aigus et qui semblent assez élevés.

Vers 2 heures 30, nous installons notre camp

---

1) Chebrog, *zilla macroptera*, crucifère.

à Aïn el Hadjadj (la source des pèlerins), puits creusé au pied de la montagne, en un point où la vallée n'a pas plus d'un kilomètre de largeur. Ce puits est une large excavation de 2^{m}50 de diamètre, revêtue en pierre sèche et comblée par le sable jusqu'au ras du sol ; à côté est un très beau gommier, à l'ombre duquel nous attendons que nos tentes soient dressées.

Aïn el Hadjadj est un des principaux gîtes d'étape de la caravane qui va chaque année du Sud marocain et du Touat à la Mecque, en passant par In Salah et Tripoli. L'eau de la source n'est pas très abondante, elle est très bonne, paraît-il, mais il faudra faire un gros travail pour déblayer le puits ; aussitôt le camp établi, les sokhars se mettent à cette besogne avec beaucoup d'entrain, malgré une chaleur torride.

7 avril. — Séjour. — La température est très élevée dès le matin (30° à 9 heures du matin)(1); le temps est lourd et il vient du sud-est un vent brûlant qui souffle par rafales. Le déblaiement du puits marche très lentement, c'est dans la

---

(1) Toutes ces températures sont prises au moyen du thermomètre fronde, qui donne la température de l'air à l'ombre, laquelle est inférieure de 2° à 4° à celle que donnerait un thermomètre fixe.

soirée seulement que la source donne un peu d'eau, qui est à peine buvable tant elle est chargée d'argile et de sable.

Aokha, que le colonel a amadoué par quelques petits présents, assure qu'il y a un ghedir plein d'eau à quelques kilomètres à l'ouest d'Aïn El Hadjadj ; les chameaux y sont envoyés dans l'après-midi, sous la conduite de quelques cavaliers guidés par le compagnon d'Aokha. Celui-ci, avec lequel le colonel a une longue conférence, se tient toujours sur la réserve et notre chef a la plus grande peine à en tirer quelque chose ; cet homme a certainement été envoyé en reconnaissance par les chefs Azgars pour voir comment était organisée la mission et tâter le colonel sans s'engager vis-à-vis de lui. Dans la soirée, les chameaux rentrent au camp, on a pu les abreuver, mais le ghedir est maintenant à sec.

Au coucher du soleil, le vent tombe complètement, mais la température est toujours fort élevée (30 degrés à 6 heures du soir) ; aussitôt la nuit close, le camp est envahi par des myriades d'insectes de toutes sortes, venus je ne sais d'où, car le pays ne paraît pas très peuplé en ce qui touche cette classe d'animaux.

C'est par milliers que ces bestioles s'introduisent dans les tentes où il y a de la lumière, et il faut battre en retraite au plus vite devant ces légions qui rendent le séjour sous la toile impossible. Dehors, cette invasion est à peu près supportable, quoique l'air soit parcouru en tous sens par des nuées de coléoptères et de papillons de toutes dimensions, depuis le petit scarabée de la taille d'une lentille jusqu'au bousier géant plus gros que le pouce.

Les phénomènes électriques que nous avons déjà eu l'occasion de constater, se reproduisent avec une intensité extraordinaire ; la crinière des chevaux, légèrement frottée, apparaît lumineuse et pétille sous la main, on tire des étincelles de plusieurs centimètres de la toile des tentes.

8 avril. — Séjour. — Aokha et son compagnon nous quittent ce matin et prennent le chemin de leurs campements, qui sont à plusieurs jours de marche vers le sud-est.

Béringer et Roche sont partis dès le lever du soleil pour aller en reconnaissance dans la montagne au sud-ouest du camp. Lechâtelier, le docteur et moi allons à l'ouest ; nous traversons la vallée qui est couverte de ce côté d'une végétation excessivement vigoureuse, le drinn y atteint une taille extraordinaire et forme des fourrés impénétrables ; il y a beaucoup de gommiers le long des ravinements nombreux qui sillonnent la vallée en tous sens. On remarque fréquemment des traces de gros gibier, antilopes ou onagres, mais, sauf des pigeons ressemblant à la palombe, on ne voit presque pas d'oiseaux.

J'ai gravi la première crête de la montagne, qui est à 4 kilomètres ouest d'Aïn El Hadjadj, sans mes deux compagnons qui sont rentrés au camp, exemple que je ne tarde pas à suivre, car il est 10 heures et la chaleur est excessivement forte aujourd'hui (34° à 10 heures).

Béringer et Roche rentrent au camp à 3 heures de l'après-midi, après une course d'une quinzaine de kilomètres, dont sept d'une ascension excessivement pénible ; nos camarades sont absolument éreintés, ils ont atteint la première crête de la montagne dont ils ont pu déterminer la forme générale.

Entre la vallée des Ighargharen et l'Oued Maston, le Tassili est formé d'une série de crêtes dirigées nord-nord-ouest sud-sud-est, et comprenant entre elles de profondes vallées parallèles à l'Oued Maston ; ce dernier oued renferme des chaînes de dunes assez élevées. A l'ouest de l'Oued Maston, le Tassili serait un véritable plateau.

Le puits a pu être complètement déblayé, il donne de l'eau excellente, qui se renouvelle assez lentement ; on pourra faire boire les chameaux demain et commencer à faire la provision d'eau.

Ce soir les insectes qui nous ont assaillis la veille, reparaissent et recommencent à tourbillonner avec un bruit d'ailes et d'élytres froissées qui finit par agacer d'une façon désespérante ; cela vient s'ajouter aux ennuis provenant de notre personnel indigène qui devient arrogant et indiscipliné depuis le départ d'Aokha. Les Chaamba savent, en effet, que les pourparlers du colonel avec ce Targui n'ont pas abouti à grand'chose, ils se savent nécessaires et abusent d'une situation dont ils se sentent les maîtres.

Vers le milieu de la nuit, le vent se lève de l'ouest et prend en quelques instants une grande force, faisant disparaître comme par enchantement les innombrables animaux qui, par deux fois, ont mis notre patience à une si rude épreuve. Le vent fait payer cher ce service en nous inondant de sable brûlant et en secouant

nos tentes d'une façon alarmante ; la température se maintient toute la nuit dans les environs
de 30°.

9 avril. — Séjour. — Le vent qui soufflait
faiblement du sud-est au lever du soleil, passe
au sud-ouest en devenant très violent, il soulève
des nuages de sable qui rendent tout travail
impossible, on ne sait où se mettre ; le soleil
est atrocement brûlant et sous la tente la température se tient dans les environs de 55°.

L'air est d'une sécheresse extrême et nos
tentes sont de véritables électrophores ; sur ma
table, le lorgnon de Roche, qui fait tente commune avec moi, dresse son cordon vers le ciel,
attiré par la toile qui le maintient dans cette
position contraire aux lois de la pesanteur. Le
soir on tire des étincelles de 0ᵐ05 des tentes ; en
frottant la toile avec une brosse on produit de
véritables gerbes lumineuses de 0ᵐ20 de longueur, qui s'épanouissent sur la toile en fila-
ments très déliés.

Le colonel espérait avoir quelques nouvelles
des Touareg ou de Sghir, dont on n'entend plus
parler, mais rien n'arrive et nos Chaamba sont
toujours aussi insolents et indisciplinés ; comme
ils n'ont pas grand'chose à faire, ils se livrent

à des conciliabules sans fin et se chamaillent à tout propos.

10 avril. — Séjour. — Béringer et moi quittons le camp dès le lever du soleil et gravissons le contrefort au pied duquel est le puits d'Aïn el Hadjadj ; cette ascension est très pénible, tant à cause de la raideur des pentes que de la température, qui dépasse tout ce que nous avons constaté jusqu'à présent ; il y a 38° à 9 heures quand nous atteignons un sommet qui domine la vallée de 340 mètres.

Malheureusement, l'air est très chargé de sable et il nous est presque impossible de rien distinguer aux environs, malgré l'altitude où nous sommes. Nous nous dépêchons de rentrer au camp, où nous arrivons vers 11 heures ; la température dépasse 40°, elle montera à 42° dans la journée. Vers 2 heures de l'après-midi, j'ai placé mon thermomètre au soleil, sur le sable, il a atteint 75° ; on comprend pourquoi les Sahariens, si pauvres soient-ils, portent toujours des chaussures ; et nous ne sommes qu'au mois d'avril, ce doit être bien autre chose en plein été !

On a pu faire la provision d'eau et abreuver les chameaux encore une fois, nous quitterons

Aïn el Hadjadj demain; il n'est que temps
d'ailleurs, car un séjour plus prolongé dans les
conditions où nous nous trouvons, amènerait
la désorganisation complète de notre personnel
indigène.

Ce soir, j'ai tué trois énormes araignées qui
avaient élu domicile à la partie supérieure de
ma tente; ces animaux, qui mesurent de 4 à 5
centimètres de longueur, sont de couleur rouge
brique, ils sont doués d'une agilité merveilleuse
et j'ai quelque peine à m'en débarrasser; les
Chaamba appellent cette araignée, scorpion de
sable (Agreb er Remel), et la craignent à l'égal
du scorpion qui ne se trouve que dans les
terrains caillouteux ou rocheux.

CHAPITRE V

L'Oued Samoun. — Le Miaad des Ifoghas et des Moghasaten. — Le Ghedir de Tibabiti. — Le Lac Menkhough. —
Séjour et difficultés.

———

11 avril. — Le chargement du convoi ne
s'opère pas sans difficultés, nos chameliers se
chamaillent et font beaucoup de bruit mais peu
de besogne ; il fait d'ailleurs un temps excessivement pénible, très chaud et très lourd, le thermomètre marque 30° à 6 heures du matin ; l'air
est tellement chargé de sable que l'on voit à
peine les montagnes que nous avons à moins
d'un kilomètre au sud.

Vers 7 heures la caravane se met en marche

suivant à peu de distance la limite des dunes qui bordent la vallée au nord; à 5 kilomètres environ d'Aïn el Hadjadj, celle-ci est encombrée de petites dunes comprenant des cuvettes argileuses où l'eau s'amasse en temps de pluie; d'après Ben Eddin, un de nos guides, ces dunes seraient de formation récente et n'existaient pas il y a une vingtaine d'années.

Les montagnes que nous avons au sud et dont on aperçoit vaguement les sommets dans le brouillard, paraissent très élevées; après 2 heures de marche dans les dunes, nous retrouvons le sol caillouteux sur lequel nous marchons presque constamment depuis notre sortie des dunes de Khanfousa. Vers une heure de l'après-midi, nous entrons dans un véritable bois d'azal (1), de tamarix et de gommiers; le sol est argileux et profondément raviné par les eaux, de place en place se voient des touffes de belthina. Le camp s'établit dans une clairière toute entourée de jolis arbustes; c'est certainement le camp le plus agréable que nous ayons eu depuis que nous sommes en route.

----

(1) Azal ou Arta, *calligonum comosum*, salvadoracée, arbuste grêlé atteignant 2 à 3 mètres de hauteur.

La température est toujours très élevée; elle atteint 40° dans la journée, quoique le soleil soit complètement caché par le rideau de sable qui s'étend comme un voile sur nos têtes.

Dans la soirée, le vent qui soufflait du sud-sud-ouest avec une grande force, diminue rapidement, tombe complètement et passe, vers 9 heures, au nord-ouest; le thermomètre accuse une baisse considérable et il tombe quelques gouttes d'eau. C'est une circonstance réellement heureuse, car depuis le 6 avril personne n'a pour ainsi dire dormi dans la mission; une bonne nuit n'est pas de trop pour nous remettre un peu d'aplomb.

12 avril. — Au moment où nous nous mettons en route (6 heures), le thermomètre marque 18°, c'est délicieux; le point où nous avons campé hier est dans le prolongement de la rive gauche de l'Oued Samon, large vallée qui se prolonge au sud par une gorge ouvrant une communication entre les Ighargharen et la plaine d'Amadghor; en suivant cette gorge on atteindrait cette plaine en 4 longues journées de marche.

Les montagnes qui bordent l'Oued Samon à l'ouest, paraissent avoir un relief considérable qui doit être au moins de 600 mètres; la berge

orientale de l'oued est beaucoup moins élevée.
La vallée, qu'il faut 2 heures pour traverser à
son embouchure, semble se rétrécir beaucoup
au sud.

Au point où nous quittons l'Oued Samon
l'Oued Ighargharen se rétrécit beaucoup, de
façon à ne plus avoir qu'un kilomètre de largeur entre la montagne et les dunes; celles-ci,
qui atteignent 150 à 200 mètres de relief, poussent des ondulations minces et peu élevées
jusqu'au pied de la montagne.

Saïa, qui a fait plusieurs fois le voyage de
Ghat, assure que dans cet étranglement, le
courant est si violent au moment des grands
orages, que les petites dunes sont enlevées en
quelques heures.

Au fur et à mesure que nous avançons vers
l'est, la végétation devient de plus en plus belle ;
nous traversons de magnifiques prairies où nos
chevaux disparaissent jusqu'au poitrail ; le trèfle,
l'arfeg (composée), le chebrog, forment de beaux
massifs couverts de fleurs de toutes couleurs,
que dominent de grands tamarix ; quelques-uns
de ces arbres sont des géants de l'espèce, j'en
mesure un qui a 2 mètres de tour à la base et
plus de 10 mètres de hauteur. Nous suivons le

pied de la montagne qui est excessivement découpée de ce côté ; vers 10 heures, on laisse sur la droite un profond vallon qui paraît s'étendre assez loin vers le sud, jusqu'à un piton élevé qui domine une série de crêtes étagées.

L'itinéraire suivi franchit plusieurs contre-forts de la montagne, où l'on voit souvent des tombeaux formés d'enceintes circulaires ou rectangulaires en pierres sèches ; un petit mamelon rocheux isolé que nous laissons sur notre gauche et sur lequel je suis monté, porte un petit dolmen reposant sur trois pieds et quatre pierres levées que l'on dirait avoir été taillées tant elles sont semblablés de formes.

Vers midi, nous passons un petit col où se trouve un cimetière assez considérable ; en cet endroit, appelé Tkarkar Neraba, se voit un grand nombre de tombes musulmanes et deux tombeaux touareg, construits grossièrement il est vrai, mais qui n'en sont pas moins de véritables monuments. Au delà de ce col, l'itinéraire suivi s'éloigne de la montagne et traverse une très belle prairie de trèfle à fleurs jaunes.

Quelques moutons et chèvres y paissent tranquillement, surveillés par un berger targui, qui pousse devant lui deux petits ânes ; cet homme a pour tout vêtement une gandoura (1) sans manches, en cuir, et est sans armes ; il ne paraît pas très rassuré et s'éloigne de notre chemin dans la direction d'un bois de grands gommiers que nous laissons sur la droite.

Le camp s'installe un peu plus loin, vers midi et demi près d'un énorme tamarix, à l'ombre duquel nous attendons que nos tentes soient dressées ; nous sommes ici au débouché d'une large vallée, appelée Oued Idjeran, qui vient du sud.

Dans l'après-midi, plusieurs Touareg, dont une femme, viennent nous rendre visite conduits par le berger que nous avons rencontré ce matin ; ils sont vêtus de la même façon que celui-ci et sont armés de lances et d'épées qu'ils portent en bandoulière.

Ce sont des Imghad (2) (serfs) des Ifoghas, qui sont campés dans l'oued, à quelques kilomètres au sud, auprès d'un ghedir où il y aurait encore de l'eau. Le colonel leur fait quelques

(1) Sorte de chemise longue.

(2) Amghid, pluriel Imghad, désigne les familles serves attachées aux tribus touareg nobles, qui sont désignées sous le mot arabe djied ou le mot targui ihaggaren.

menus cadeaux et leur achète un peu d'antilope boucanée qu'ils nous offrent, ce produit répand une odeur nauséabonse; notre cuisinier l'a cependant fait cuire et nous en avons goûté, c'est atroce. Nous envoyons une partie des chevaux boire au ghedir que nous ont signalé les Touareg; ce sont nos ordonnances qui les conduisent sous la protection de Ben Eddin, le seul de nos guides dans lequel on puisse avoir réellement confiance.

Vers 5 heures du soir, comme nous sommes en train de dîner, Mohamed ben Mansour accompagné du mokaddem des Tedjania, vient prévenir le colonel, qu'un miaad (députation) comprenant une trentaine de cavaliers touareg à mehari, est arrêté à peu de distance et se prépare à gagner le camp. Mohamed, qui est le plus important de nos guides (il descend des derniers sultans d'Ouargla), et le mokaddem demandent au colonel de les autoriser à prendre ses chevaux pour aller au-devant du miaad; cette autorisation est accordée et ces deux hommes, qui ont mis leurs plus beaux vêtements, se portent à la rencontre des Touareg, accompagnés de Kaddour ben Mouïssa, de Saâd ben Mohamed et d'Aïssa ben Khaldi, les seuls de nos indigènes présents au camp qui soient possesseurs de chevaux.

L'arrivée du miaad, qui a été connue dans le camp en un clin d'œil, y met une très grande animation ; les Chaamba se dépêchent de faire toilette, chacun cherche au fond de son sac quelque haïk blanc, quelque burnous à peu près propre et s'en revêt avec rapidité.

Les Touareg se sont arrêtés à quelque distance pour réparer le désordre de leur toilette, de façon à se présenter dignement ; cette coutume qui existe déjà en Algérie parmi les nomades, est observée avec soin par les Chaamba et Touareg, qui y attachent une grande importance. L'opération est assez longue, car une heure se passe avant que Si Abd el Kader, le mokaddem, vienne nous prévenir que nos visiteurs ont repris leur marche. Le colonel nous a réunis, nous avons pris à tout hasard nos revolvers, et nous nous portons en corps à la rencontre du miaad, qui s'avance rangé en bataille et s'arrête à l'entrée du camp en deux groupes distincts, comprenant l'un des Ifoghas et l'autre des Moghasaten.

A la tête du premier sont Abd el Hakem et Hanndeboul, les deux cheiks principaux des

Cheikh Abd el Hakem

Ifoghas, suivis de Sghir ben Cheikh habillé en Targui, et de notables personnages, dont les plus importants sont Aokha ben Chaoui, notre ancienne connaissance d'Aïn el Hadjadj, El Bakay et Ikelas ; parmi les Moghasaten on peut citer El Hadj Sidi, Khodja et Djebbour.

On remarque aussi un indigène du Souf, Si Bel Iamma mokaddem des Tedjania établi chez les Ifoghas, qui porte un riche costume arabe ; cet homme n'a pas de voile comme tous les Touareg qu'il accompagne et qui sont vêtus comme Aokha ; toutefois, certains de ces Touareg ont adopté la cotonnade rouge foncé au lieu de la cotonnade bleue. Tous sont armés de la lance et de l'épée, la plupart ont un fusil double pendu au trousséquin de leur selle ainsi qu'un large bouclier en peau d'antilope.

Leurs mehara sont excessivement fins, plus petits que ceux des Chaamba et ont l'air plus vif et plus intelligent ; ils sont de robe isabelle foncé.

Si Bel Iamma, au nom des Ifoghas, souhaite la bienvenue à notre chef et l'assure que la mission peut parcourir le pays en toute sécurité, le colonel répond par un petit discours qui obtient de tout le groupe des signes nombreux de satisfaction ; la même cérémonie se passe avec les Moghasaten et nous allons reprendre notre dîner. Nos chevaux rentrent à ce moment, ayant fait une course inutile de plus de 15 kilomètres, le ghedir ne contenant presque plus d'eau.

Les Chaamba se mêlent alors aux Touareg, qui ont mis pied à terre et forment des groupes où s'engagent des conversations animées. Ces chameaux aux formes fines, ces hommes aux allures dégagées, couverts de costumes aux couleurs sombres ou vives qui contrastent avec nos Chaamba dans leurs burnous blancs, forment un tableau des plus pittoresques.

Le soleil, éclairant notre camp de ses derniers rayons, se couche derrière les dunes qui forment, avec quelques beaux massifs de tamarix plus rapprochés, un fond plein de tons chauds et sombres qui fait valoir admirablement cette scène de mœurs sahariennes.

Le colonel a chargé Abd el Kader, le mokaddem des Tedjania, de faire dresser deux tentes pour nos visiteurs et de leur faire préparer une diffa ; un chameau est sacrifié pour cette occasion et fournira la viande nécessaire pour confectionner un couscous monstre, auquel prendront part les Touareg et la plus grande partie de notre personnel indigène.

Le soir, le camp est en liesse ; on a allumé de grands feux, car la température est très basse (+ 5° à 11 heures du soir), et minuit est passé depuis longtemps que les conversations vont toujours leur train ; dans notre tente de popote nous aussi veillons tard à faire de beaux projets pour l'avenir.

13 avril. — Ce matin il fait réellement froid ; mon thermomètre à minima marque + 2° ; quelques-uns de nos Touareg sont partis cette nuit, mais la plupart nous suivent et marchent avec les guides chaamba ; Abd el Hakem et Hanndeboul, ainsi que Aokha, escortent le colonel et causent avec lui tout en marchant.

L'itinéraire traverse l'Oued Idjeran qui vient du sud-est ; cet oued, à son débouché dans la vallée des Ighargharen, a 8 ou 9 kilomètres de largeur ; en amont de ce confluent, la vallée que nous suivons toujours perd son nom d'Oued Ighargharen et prend différents noms, suivant les affluents qu'elle reçoit de la montagne au sud.

La berge orientale de l'Oued Idjeran s'avance au nord en cap aigu que l'on traverse par un col très accusé dit de Tidat ; de ce col on voit au nord dans les dunes un mamelon rocheux isolé appelé Timeris qui doit avoir 200 à 300 mètres de relief. Le massif de dunes qui borde la vallée au nord renferme des pitons sablonneux qui dépassent en altitude tout ce que nous avons vu jusqu'ici, beaucoup ont plus de 200 mètres de hauteur ; une de ces montagnes de sable, qui est située au nord du pic de Timeris et dont le sommet dépasse notablement celui-ci, doit avoir un relief voisin de 400 mètres. Ce massif de dunes s'appelle Erg Aguit, l'oued que nous suivons à l'est du col de Tidat se nomme Aouin Aguit.

Cette vallée est assez étranglée, aussi est-elle fortement ravinée par les eaux qui s'y sont creusé un lit profond-bordé de magnifiques tamarix ; l'oued a coulé, il n'y a pas très long-temps, car son lit est encore très humide et certaines cavités contiennent de l'eau.

La végétation est luxuriante, le sol est cou-vert d'un tapis de verdure qui le cache com-plètement en certains endroits ; le trèfle domine, mêlé à une crucifère à fleurs jaune pâle qui répand une odeur fade et désagréable ; les Chaamba assurent que cette plante est comes-tible et la recueillent en passant.

Vers 10 heures, nous campons à côté d'un ghedir situé au milieu d'une belle dhayat appelée Tibabiti ; le ghedir, qui a une centaine de mètres de largeur, contient une assez grande masse d'eau, il est entouré d'une végétation très belle que dominent d'énormes tamarix.

Le colonel est arrivé à s'entendre avec les Touareg, qui nous quitteront sous peu pour rejoindre leurs campements ; Abd el Hakem, son fils Entiti et Mohamed Dada resteront avec la mission pour lui servir de guides ; ils nous fourniront des sokhars si besoin est, dans les mêmes conditions de solde que nos Chaamba. Toutefois, les chefs des Ifoghas et des Moghasaten ne s'engagent *qu'en ce qui touche leurs tribus,* faisant toutes réserves jusqu'à ce que El Hadj Ikhenoukhen ait répondu aux lettres que le colonel lui a envoyées. C'est un résultat assez mesquin, mais enfin cela vaut mieux que rien.

Aux environs de notre camp, la vallée est fort jolie, on circule facilement entre les massifs de verdure comprenant de belles allées naturelles légèrement sablonneuses qui font l'effet d'un véritable tapis ; quelques oiseaux font entendre un joli chant, rappelant celui de la fauvette, pendant qu'une sorte de sauterelle lance son petit

Ghedir de Tibabiti

cri si semblable à celui du grillon de France, qu'en fermant les yeux, on se croirait là-bas en pleine campagne par un beau jour d'été. Il y a beaucoup de traces de gros gibier, antilopes, onagres et autruches ; le soir le colonel distribue des cadeaux aux principaux chefs touareg qui paraissent très satisfaits, on le serait à moins.

14 avril. — Séjour. — Les Touareg qui devaient nous quitter ce matin, restent au camp pour la plupart, ils trouvent que l'ordinaire de la mission leur convient et nous continuons à les héberger, ce qui fait une forte brèche à nos provisions. Il est bon d'ajouter que les Chaamba, qui devaient avoir trois mois de vivre au départ d'Ouargla, commencent à crier famine, bien que nous ne soyons en route que depuis un mois et demi, et il faut prévoir le moment où la mission devra les nourrir ; tout cela ne laisse pas que d'être inquiétant.

15 avril. — Nous quittons Tibabiti à 6 heures ; le ciel est gris, on dirait qu'il va pleuvoir ; la vallée s'élargit et la végétation disparaît peu à peu, sauf le long d'un large thalweg, nommé Oued Tidjoudjelt qui serpente dans la vallée, où on suit parfaitement son cours de l'œil, car il est bordé de grands tamarix.

La vallée est toujours comprise entre d'énormes dunes au nord et la montagne qui est peu élevée, nous laissons celle-ci à 5 ou 6 kilomètres au sud ; de ce côté, on aperçoit un pic élevé, le Tigaratin, qui doit être à une quinzaine de kilomètres de notre route.

A 8 kilomètres de Tibabiti, nous franchissons l'Oued Tidjoudjelt ; c'est un lit sablonneux d'une centaine de mètres de largeur où a dû couler récemment un fort courant d'eau. Les berges de l'oued disparaissent sous d'énormes touffes de drinn, formant des massifs de plus d'un mètre de hauteur, au milieu desquels poussent des tamarix de grande taille ; il tombe une pluie fine vers 7 heures 1/2 pendant un quart d'heure environ.

Notre itinéraire laisse au nord l'oued qui décrit une sinuosité très prononcée de ce côté, et le rejoint à 4 kilomètres plus loin au lieu dit Tamedjelt, où il passe dans un étranglement excessivement étroit, compris entre deux massifs rocheux que le sable recouvre presque entièrement, surtout le massif septentrional qui a toute l'apparence d'une grande dune. Au pied du massif sud et en aval de la gorge, on remarque un petit plateau où on trouverait de l'eau à peu de profondeur en dégageant une petite source qui existe en ce point.

Dans le passage de Tamedjelt, l'oued est enserré entre deux berges à pic de près de 6 mètres de hauteur, son lit est encombré de tamarix de toutes tailles, surtout en amont de la gorge où ces arbres couvrent le lit de l'oued d'une voûte continue de feuillage. Comme la caravane suit à peu de distance ce thalweg qui a une direction est-ouest, je me donne le luxe de faire une partie de l'étape à l'ombre, en suivant l'oued qui forme une tranchée en pente douce, bordée de berges à pic dont la hauteur diminue en allant vers l'est. Certaines cavités du lit de l'oued renferment encore de l'eau en assez grande quantité ; dans le voisinage de ces réservoirs la végétation est d'une grande richesse, on remarque surtout d'énormes dhanoun dont les tiges, de plus de un mètre de hauteur, sont couvertes de fleurs magnifiques en forme de casques jaune vif panaché de pourpre foncé.

Toute cette végétation est animée par la présence d'oiseaux de toutes sortes, parmi lesquels domine le pigeon ramier en bandes nombreuses ; notre itinéraire range d'assez près le pied de la

Gorge de Tamedjelt

montagne qui détache au nord de nombreux contreforts peu élevés que nous franchissons successivement ; beaucoup de ces derniers portent des tombeaux touareg semblables à ceux que nous avons déjà vus.

Vers 11 heures, nous atteignons une vaste dhayat dite Tehen Telemoun, couverte d'un épais tapis de trèfle à fleurs jaunes ; nous campons dans cette dhayat qui ressemble à une prairie artificielle ; l'Oued Tidjoudjelt est à 1^k 500 au nord du camp, ici son lit est à peine marqué mais il a toujours sa bordure de tamarix et de gommiers.

Le colonel a fait donner aux Touareg qui suivent encore la mission une petite séance de tir avec le fusil modèle 1874 ; Brosselard, qui est un maître tireur, les étonne profondément en mettant des balles à 500 mètres dans une caisse à biscuit.

Pendant ce temps les chasseurs de la mission cherchent à tuer quelques pigeons dans l'oued ; le docteur rapporte au camp deux oiseaux qui ressemblent comme taille et comme forme au butor dont ils ont le long bec et la huppe, leur plumage est blanc sauf le dos et la tête qui sont l'une lie de vin et l'autre gris clair ; ce sont de fort jolies bêtes. Dans l'après-midi le baromètre indique une forte baisse, le ciel qui s'était dégagé vers 10 heures se couvre de nouveau et il tombe quelques gouttes de pluie que chasse un vent violent du sud-est.

16 avril. — Nous quittons Tehen Telemoun à 6 heures du matin; la vallée est couverte d'un brouillard épais qui ne permet pas de voir à plus d'un kilomètre. En sortant de la dhayat où nous avons campé hier, nous passons dans une autre dhayat appelée Tilemsisin, grande prairie formée d'une herbe ressemblant beaucoup au chiendent, dans laquelle rappellent des cailles.

Vers 7 heures, un de nos guides me montre à un kilomètre au sud une troupe d'onagres qui regardent passer la caravane, je me mets à leur poursuite en cherchant à les couper de la montagne, ce que j'arrive à faire facilement; malheureusement, il y a le long du thalweg de l'oued Tidjoudjelt un bois de tamarix de petite taille mais très serrés, dans lequel mon gibier se réfugie si bien que je perds complètement ses traces.

Ce bois, qui a 2 à 3 kilomètres de longueur, donne asile à des troupes nombreuses de pigeons dont je fais une véritable hécatombe;

9

je ne suis pas le seul, si j'en juge par les coups de fusil qui se font entendre dans la direction du nord, côté où doit se trouver la caravane que je rejoins vers 8 heures, au moment où elle sort de l'Oued Tidjoudjelt qu'elle vient de traverser.

Cet oued a toujours un lit assez profond et parfaitement marqué, les traces des dernières crues sont toujours très visible sous la forme d'amas de branchages qui atteignent souvent plus d'un mètre de hauteur.

Les dunes qui bordent la vallée au nord sont toujours très élevées ; quant à la montagne, elle se termine dans la vallée par des ondulations rocheuses en pente douce qui s'avancent en caps peu prononcés jusqu'au thalweg ; entre ces caps, sont de petites dhayat à fond argileux où pousse une euphorbiacée à feuilles jaunâtres qui répand une odeur cadavérique très forte.

Dans le sud s'élèvent, à une distance difficile à apprécier, mais certainement très grande, des pics de forme aiguë et qui paraissent fort élevés.

Vers 9 heures, nous franchissons un contrefort rocheux couvert de grandes pierres plates, où se voit un monument très ancien auquel nos Touareg assignent une origine des plus bizarres.

Ce monument comprend une enceinte rectan-

Le Siège du Géant

---

gulaire de 4 mètres sur 2, formée de pierres plates placées debout et encastrées profondément dans le sol ; une cloison médiane partage cette enceinte en deux compartiments égaux, aux trois quarts remplis de cailloux.

Autour est disposée une enceinte circulaire de 10 mètres de diamètre, construite de la même façon et ouverte sur un arc de 100° du côté est ; des extrémités de cette enceinte partent deux alignées tracées suivant les deux rayons extrêmes, ces alignées sont formées de deux rangs de petites pierres plates plantées de champ, suivant deux lignes parallèles ; l'intervalle entre celles-ci, qui est de 0m30 environ, est rempli de cailloux ronds. Ces alignées ont 65 mètres de longueur et se terminent chacune par une pierre levée, une de ces pierres est debout l'autre a été renversée ; le grand axe de l'enceinte rectangulaire est orienté nord-sud, l'ouverture de l'enceinte circulaire est exactement tournée vers l'est.

Les Touareg racontent que ce monument, qui est bien probablement une sépulture, a été édifié par leurs ancêtres pour marquer l'endroit où se serait assis un individu d'une race géante qui habitait ce pays quand ils y sont arrivés ; l'en-

ceinte marquerait le siège et les deux alignées
la place occupée par les jambes.

Vers 11 heures, nous traversons l'Oued Tidjoudjelt, qui décrit un fort crochet pour contourner une dune s'avançant en cap au sud ;
sur cette dune on voit des restes de gourbis
construits en bois de tamarix et couverts de
drinn.

Un kilomètre plus loin nous traversons une
deuxième fois l'oued pour nous engager dans
un bois d'énormes tamarix, véritable futaie où
la caravane chemine à l'ombre pendant près
d'une heure ; l'oued y décrit une deuxième
courbe qui nous oblige à le franchir une troisième fois près d'un point où il se divise en deux
branches, dont l'une a une direction sud-est
tandis que l'autre se dirige vers l'est.

Nous suivons cette dernière branche qui porte
les traces d'un courant d'eau allant de l'ouest à
l'est ; on y voit souvent de grands roseaux
poussant dans des cavités qui contiennent encore
de l'eau.

Vers 11 heures 1/2, nous arrivons à l'entrée
d'une gorge étroite, comprise entre deux grandes dunes qui ne laissent entre elles qu'un intervalle d'une centaine de mètres ; un sentier battu

règne dans toute la longueur de la gorge, qui mène au bout d'un kilomètre dans un vaste cirque entouré de hautes dunes ; au milieu de ce cirque est une belle nappe d'eau claire, entourée d'une ceinture presque continue de grands tamarix.

Ce lac, appelé Menkhough, est un grand ghedir permanent, qui est alimenté par les eaux de l'Oued Tidjoudjelt au moment des orages et peut-être aussi par des sources ; car d'après nos Touareg, il ne s'assèche jamais complètement, quelle que soit la durée des périodes de sécheresse, qui seraient d'ailleurs moins longues dans cette région que dans le Sahara septentrional.

Le camp s'installe vers midi, à peu de distance de la rive méridionale du lac, sur un petit plateau sablonneux qui domine celui-ci de quelques mètres.

Nous devons séjourner ici plusieurs jours, afin d'y attendre le retour des courriers qui sont allés porter les lettres du colonel au grand chef des Azgars.

Dans l'après-midi, nous faisons la reconnaissance de notre lac ; il est de forme allongée, mesurant environ 1,000 mètres de l'est à l'ouest

Le lac Menkhough ou du Nord

et 500 mètres dans sa plus grande largeur ; son eau est douce, sauf au point où débouche l'oued dont les alluvions ont produit une espèce de marais à l'eau légèrement saumâtre ; ce marais est couvert en partie d'un bois de tamarix où nichent des bécassines, des hérons et d'autres oiseaux d'eau.

Les rives du lac sont assez découpées, surtout dans la partie méridionale où il existe plusieurs petites anses formant autant de plages sablonneuses en pente douce où l'eau vient briser doucement à l'ombre des tamarix qui les bordent. Les eaux du lac contiennent un grand nombre de poissons qui doivent être de forte taille, à en juger par les remous qu'ils produisent en se sauvant à notre approche des bords qu'ils semblent affectionner.

La rive septentrionale du lac est bordée d'un véritable sentier parfaitement battu par les antilopes, onagres et autres animaux qui viennent s'y abreuver.

17 avril. — Plusieurs membres de la mission se sont baignés hier dans le lac, on perd pied à peu de distance de la rive méridionale.

Brosselard et moi faisons construire un radeau en branches de tamarix, radeau que nous som-

mes obligés de munir de tonnelets, le bois de
tamarix vert étant plus lourd que l'eau. Brosselard s'embarque sur l'esquif qui est très
instable et très difficile à diriger ; moitié nageant,
moitié ramant avec une pelle, il a pu opérer le
sondage du lac suivant son grand axe.

Les cotes du fond augmentent rapidement
jusqu'à atteindre 4 mètres vers le milieu du lac,
profondeur qui n'est dépassée que dans la partie
occidentale au pied du cône de déjection de
l'Oued Tidjoudjelt, point où existe un creux de
faibles dimensions transversales où l'eau a près
de 8 mètres de profondeur.

Pendant que nous procédons à cette opération,
Cabaillot et quelques-uns de nos ordonnances
ont confectionné des lignes et se livrent à la
pêche avec succès ; ils ont pris plusieurs poissons magnifiques que les Touareg appellent
Azouleh, c'est le « clarias lazaréa » qui se trouve
dans le Nil ; l'un de ces poissons a 0^{m}55 centimètres de longueur, il doit y en avoir de beaucoup plus grands.

Ce matin, Béringer, Roche et Lechâtelier sont
partis accompagnés par un guide targui pour
reconnaître l'Oued Tidjoudjelt en amont ; Sghir
a emmené quelques Chaamba et Aïssa ben

Khaldi au camp d'Abd el Hakem qui est situé à
30 kilomètres environ vers l'est ; il aurait voulu
emmener le docteur, mais celui-ci est fatigué et
a préféré rester au camp. Nous avons dîné ce
soir avec notre poisson qui a été déclaré délicieux à l'unanimité.

18 avril. — Séjour. — Ce matin, je suis monté
avec Brosselard sur le sommet d'une grande
dune qui est au nord-est du lac ; de son sommet
on voit s'ouvrir au nord un fedj étroit qui
s'enfonce dans la dune, dans le lointain apparaît
une chaîne de hauteurs rocheuses qui semble
border une vallée semblable à celle de l'Oued
Tidjoudjelt.

Vers 10 heures 1/2, la reconnaissance de l'Oued
Tidjoudjelt rentre après avoir relevé ce dernier
sur 15 à 17 kilomètres ; la rivière s'enfonce dans
le massif montagneux où elle forme une gorge
étroite bordée de falaises rocheuses abruptes
dont la hauteur atteint 100 mètres ; le lit est
profondément affouillé, on y rencontre des cavités profondes pleines d'eau et où il y a du
poisson. La végétation y est très belle, le sol
est sablonneux et parsemé de fondrières qui
rendent la marche assez difficile. Nos camarades ont campé dans l'oued le 17 et en ont

gravi les berges pour jeter un coup d'œil sur la région environnante ; c'est un vaste plateau rocheux dominé par quelques mamelons ayant 400 à 500 mètres de hauteur.

A 5 ou 6 kilomètres au delà du point où la reconnaissance a campé, il y aurait une petite oasis dans l'oued, en un point nommé Aghaghar où est un petit groupe de Touareg plus ou moins sédentaires.

Dans la journée Abd el Hakem rentre au camp avec Aïssa, il est accompagné de sa belle-mère et de sa femme avec trois enfants, tout ce monde est venu à mehari ; les femmes ont un costume très simple et ne portent pas de bijoux ; la plus jeune a des traits assez fins et les yeux bleus, elle est à moitié voilée.

La belle-mère d'Abd el Hakem nous donne une petite séance de fantasia qui consiste à faire trotter son mehari en cercle, en suivant la cadence d'un morceau de musique qu'elle joue sur une sorte de violon appelé rebaza. La rebaza n'a qu'une ou deux cordes fixées sur une demi-citrouille évidée et couverte d'une peau tendue ; on en joue au moyen d'un archet formé d'une corde de boyau tendue par une branche recourbée en forme d'arc. Notre visiteuse tire de cet instrument des sons très doux sur un rythme un peu monotone qui ne manque pas de charme.

Après avoir fait une longue séance dans la tente du docteur à qui leur mère voulait les faire voir, les enfants visitent nos tentes l'une après l'autre et cherchent à s'approprier, avec une audace invraisemblable, tout ce qui leur semble digne de leurs désirs.

19 avril. — J'ai projeté d'aller reconnaître la vallée que j'ai aperçue au nord des dunes ; j'ai fait seller mon cheval, un de ceux de Masson, et me suis mis en route à 5 heures du matin pour marcher vers le nord-est, accompagné de mon ordonnance.

Après avoir franchi la chaîne de dunes qui entoure le lac Menkhough, je m'engage dans le fedj que j'ai déjà reconnu du haut de cette chaîne ; j'y rencontre une petite troupe de Touareg qui se dirigent vers le camp ; ces hommes paraissent étonnés de me voir de ce côté en si petit équipage, ils s'arrêtent, tiennent conseil un instant, puis ils continuent leur chemin en voyant que je ne fais nullement attention à eux.

Après 2 heures de marche rapide dans une suite de fedjs étroits à fond pierreux, coupés de dunes minces et peu élevées, j'arrive devant un massif de dunes plus considérables ; comme la ligne que j'ai suivie jusqu'ici paraît m'entraîner trop loin à l'est, je pique au nord dans la dune qui borde le fedj où je me trouve.

Vers 8 heures 1/2, je suis au sommet de hautes dunes qui bordent au sud une large vallée limitée au nord par une ligne de hauteurs rocheuses, très abruptes et très déchiquetées qui doit avoir un relief de 200 à 300 mètres. Les dunes sur lesquelles je suis ayant des pentes très raides au nord, je laisse mon ordonnance avec les chevaux et je descends à pied dans la vallée qui est en contre-bas de 70 mètres environ.

Le fond de la vallée, qui paraît avoir une largeur de 7 kilomètres environ, est argileux et couvert d'une maigre végétation, on y rencontre de nombreuses traces de campements récents. Ces quelques observations faites, je rentre rapidement au camp, dont je suis distant de 18 kilomètres.

Pendant mon absence est arrivé au camp un miaad de Moghasaten duquel font partie les gens que j'ai rencontrés ce matin, ils sont au nombre d'une trentaine et ne viennent que pour recevoir des cadeaux et vivre sur nos provisions, ils s'installent au camp ; le colonel donne les ordres pour lever le camp demain et reprendre la marche à l'est.

20 avril. — On lève le camp à 5 heures 1/2, le chargement se fait lentement, les Chaamba montrent de la mauvaise volonté ; les 30 ou 40 Touareg qui campent sous nos tentes tiennent conseil pendant que l'on charge les chameaux, puis ils envoient quelques-uns des leurs dire au colonel que nous ne pouvons quitter Menkhough sans avoir la réponse d'El Hadj Ikhenoukhen.

Après avoir hésité un instant, le colonel donne l'ordre de mettre le camp à quelques centaines de mètres de l'emplacement où il se trouvait ; à peine les tentes sont-elles dressées qu'une troupe de Moghasaten nous arrive encore ; les Touareg sont actuellement au nombre de 60 environ dans le camp. En supposant qu'ils n'aient pas de projets hostiles à notre égard, ce qui n'est pas prouvé, tous ces gens-là finiront par faire disparaître tous nos vivres, ce qui nous mettra bientôt dans une situation tout à fait précaire.

Le colonel, qui est très inquiet, nous réunit

dans sa tente et nous fait un tableau complet
de la situation; étant donnée l'organisation de la
mission, nous ne pouvons songer à marcher à
l'est, contrairement aux représentations des
Moghasaten; d'un autre côté, si nous restons
dans la situation présente pendant seulement
huit jours, nous nous trouverons entièrement
au pouvoir des Touareg, n'ayant plus dès lors
assez de vivres pour battre en retraite sur
l'Algérie.

Dans ces conditions, le colonel estime que la
mission doit attendre encore deux jours à
Menkhough la réponse d'El Hadj Ikhenoukhen,
et que, ce délai passé, nous n'aurons qu'à rejoindre la colonie; les membres de la mission se
rangent à cet avis et le colonel donne ses ordres
en conséquence.

Le camp a été assailli pendant cette conférence par un orage d'une violence inouïe qui ne
dure heureusement que peu de temps et cesse
aussi brusquement qu'il s'est produit, la pluie
est tombée avec force pendant une demi-heure;
dans la soirée le temps se dégage et le soleil se
couche dans un ciel sans nuages.

A la nuit tombante les Touareg se sont groupés
entre nos tentes et le lac et tiennent un long

conciliabule; Abd el Hakem et quelques autres viennent trouver le colonel et ont une assez longue conversation avec lui.

Notre chef est fort inquiet, il veille ainsi que Masson jusqu'à une heure très avancée de la nuit; il a recommandé aux hommes de garde de veiller avec la plus grande vigilance, ce sont nos ordonnances qui font ce service cette nuit, ils ont pour consigne de ne pas perdre de vue les tentes des Touareg qui ont été dressées à l'écart à une centaine de mètres de notre camp.

CHAPITRE VI

**Retraite de la mission. — Du Lac Menkhough à Tébalbalet. —
Encore l'Oued Igharghar. — El Byodh.**

———

21 avril. — La nuit s'est passée sans incident ;
dès avant le lever du soleil, le colonel nous fait
savoir qu'il a décidé que la mission quitterait
Menkhough aujourd'hui pour marcher à l'ouest ;
les Chaamba, qui ont reçu l'ordre de charger les
chameaux, font cette opération avec une rapidité
inaccoutumée ; il faut cependant mettre des
formes pour abattre les tentes qui ont servi de
logement à nos hôtes touareg.

Le colonel a envoyé Abd el Hakem pour leur
faire comprendre que nous ne pouvons les

10

héberger plus longtemps, nos approvisionnements ne nous permettant plus cette géné-
rosité et l'opération se fait sans trop de difficultés.

Vers 6 heures 1/2, nous jetons un dernier coup
d'œil sur le lac Menkhough et nous prenons
en sens inverse l'itinéraire que nous avons
suivi le 16 avril. Abd el Hakem, Hanndeboul et
Dob ben Moheza, tous trois des Ifoghas, accom-
pagnent la mission.

Les Moghasaten, qui ont assisté sans rien dire
à notre départ, sont restés groupés sur le bord
du lac ; le colonel qui se méfie justement d'eux
fait marcher à une certaine distance en arrière
de la caravane les cavaliers à cheval que possède la mission, de façon à la garder contre
tout événement.

Nous sommes sortis du bois de tamarix
depuis environ une heure quand Ben Eddin
vient avertir le colonel que les Moghasaten
suivent la mission à un ou deux kilomètres en
arrière ; notre chef leur renvoie Ben Eddin les
inviter à cesser de nous suivre. Cette invitation
est faite sous une forme menaçante que Ben
Eddin n'a certes pas adoucie, aussi les Moghasaten reprennent de suite la direction de l'est.

Nous avons vu beaucoup d'onagres au cours de cette étape ; ces animaux ressemblent à l'âne d'Algérie mais ils ont des formes plus fines et de grands yeux très vifs, leurs allures sont sensiblement plus rapides que celles de l'âne, mais ils sont incapables de tenir tête à un cheval pendant bien longtemps.

J'en ai forcé un de la façon la plus complète en moins d'une demi-heure de galop ; si je n'avais pas été seul à ce moment, il eût été très facile de s'en emparer car la pauvre bête était à bout de souffle, je n'ai pas eu le courage de la tuer.

Nous campons à l'entrée de la gorge de Tamedjelt vers 2 heures 1/2, ayant fait environ 40 kilomètres depuis le matin ; un peu avant d'atteindre ce point, nous avons rencontré les troupeaux du cheikh Abd el Hakem qui changeaient de pâturage sous la conduite d'un certain nombre d'Imghad. Ces troupeaux, en excellent état, comprennent une centaine de chèvres et autant de moutons, plus un certain nombre d'ânes ; les chèvres sont de deux sortes ; les unes ressemblent à notre espèce, les autres sont de la taille d'un veau un peu fort, elles ont la tête fortement busquée et des cornes annelées, très fortes et

recourbées en arrière comme celles du mouflon ;
les moutons sont de très forte taille, ils sont de
robe noire. Abd el Hakem nous a vendu un de
ces animaux qui est abattu à l'arrivée à l'étape ;
la viande de ces moutons est excellente, elle est
intermédiaire comme goût et qualité entre notre
mouton et le bœuf, auquel elle ressemble beaucoup.

Le soir on prend les mêmes précautions de
sécurité qu'hier ; de plus le colonel fait faire des
rondes autour du camp et à une certaine distance par les cavaliers sous la direction de
Lechâtelier ; la nuit se passe sans incident.

22 avril. — Nous quittons Tamedjelt à 5 heures
1/2 et nous campons vers 2 heures dans l'Oued
Idjeran après avoir fait 35 kilomètres.

23 avril. — Nous suivons jusqu'au col de
Tidat l'itinéraire que nous avons suivi à l'aller ;
à partir de ce point, nous appuyons fortement
au sud pour camper vers une heure 1/2 au pied
des montagnes qui bordent l'oued de ce côté.

En passant au col de Tidat, j'ai reconnu un
monument très ancien rappelant celui qui a été
signalé à la journée du 16 avril ; c'est encore un
compartiment rectangulaire en pierres plates,
divisé en deux par une cloison et dont le grand

Le Tassili des Azgar

axe est disposé nord-sud. Ce compartiment est entouré d'un demi-cercle de 30 à 40 mètres de diamètre, construit de la même façon que les alignées du monument rappelé plus haut; l'ouverture de ce demi-cercle est tournée vers l'est et le sol qui l'environne a été dégagé des plus grosses pierres qui l'encombraient, pierres dont on a fait deux gros tas informes à proximité.

L'atmosphère est d'une pureté remarquable et on voit tous les détails de la montagne que le trouble de l'air nous avait empêché de voir le 11 avril; elle présente un aspect des plus pittoresques, surtout au moment du coucher du soleil qui en accentue les formes. C'est une suite de pitons aigus tout déchiquetés s'élevant successivement jusqu'à une muraille très élevée et taillée à pic que semble limiter un plateau horizontal; les pitons ont dû être produits par une partie du plateau qui s'est éboulé dans la vallée en se brisant suivant une fracture verticale, ce qui a donné lieu à la muraille que l'on voit actuellement.

On remarque les traces de cascades qui doivent se former au moment des grandes pluies; les érosions qui se produisent en cette circonstance, ont amené la formation de vastes cônes de déjection qui ont adouci les pentes extrêmes de la montagne.

24 avril. — Nous faisons une petite marche de 3 heures 1/2 pour atteindre Aïn el Hadjadj où nous campons vers 9 heures, le puits est plein jusqu'au ras du sol d'une eau très limpide et presque fraîche ; violent siroco par rafales dans l'après-midi, le thermomètre dépasse 40° vers une heure, le sable est soulevé en épais brouillard, journée très dure.

Nous avons dû diminuer d'un kilogramme la ration de nos chevaux qui n'auront plus que trois kilogs d'orge pour toute nourriture ; les montures du colonel sont toutes deux blessées atrocement, un des chevaux de Masson est dans le même état. Le colonel prend le cheval disponible de Masson, à qui je prête ma monture que je remplace par un grand mehari blanc qui n'est pas utilisé ; Lechâtelier, dont le cheval est également blessé, monte à mehari depuis quelques jours.

25 avril. — Nous suivons une direction un peu différente de l'itinéraire par lequel nous sommes arrivés le 6 avril à Aïn el Hadjadj ; on met le camp à 1 heure 1/2 dans le thalweg de la vallée des Ighargharen. Toute la soirée et une partie de la nuit le siroco souffle avec violence, la température est très élevée et dépasse encore 30° à minuit.

26 avril. — J'ai demandé au colonel l'autorisation d'aller au sud à la recherche d'une lorgnette que j'ai perdue le 5 avril au cours de la reconnaissance que j'ai faite avec Roche. Accompagné de Saci ben Sliman, je gagne le pied de la montagne pour le suivre et tâcher ainsi de retrouver les traces que nous avons dû laisser et que le vent n'a peut-être pas encore effacées.

Un peu avant d'atteindre le pied de la montagne je remarque une foule de petits sentiers qui semblent converger vers un monticule sablonneux couvert de verdure, c'est une sorte de petite dune dominant le sol environnant d'environ 5 mètres, elle disparaît sous des touffes de jonc et de diss (1). On voit au sommet deux petits entonnoirs dont l'un peu profond est envahi par les joncs, tandis que l'autre contient une jolie source dont le niveau est

_____

(1) Diss; *imperata cylindrica*, graminée très commune en Algérie, très rare dans le Sahara.

supérieur de 3 mètres environ à celui de la plaine.

Du côté est existe une sorte de déversoir qui doit donner passage au trop-plein de la source au moment des grandes pluies, époque où le niveau de l'eau s'élève suffisamment pour que la source déborde et coule dans la vallée.

A 6 ou 8 kilomètres de cette source je retrouve les traces que je cherche, et en les suivant je ne tarde pas à rentrer en possession de ma lorgnette ; il est 9 heures quand je reprends la direction de Tebalbalet où nous devons camper aujourd'hui.

Le vent se lève de l'ouest très brusquement et tourne en quelques instants à l'ouragan, chassant des nuages de sable et de gravier tellement épais que par moments on ne voit plus le sol où l'on marche ; il faut prendre des précautions pour ne pas être jeté à bas de sa monture.

Aussi mon compagnon et moi marchons-nous fort lentement et il est une heure quand nous atteignons Tebalbalet où on n'a pu dresser les tentes ; les chameaux sont couchés et ne cherchent pas à pâturer, ils se cachent la tête sous leurs pattes et ne bougent pas ; les Chaamba se sont enveloppés de leur burnous et s'abritent derrière les bagages de la mission qu'ils ont rangés pour se préserver du vent.

Les membres de la mission s'abritent comme ils peuvent, mon ordonnance m'a fait avec le support de la tente fixé sur une caisse et la toile une sorte de niche où Roche s'est installé et où nous passons toute la journée couchés par terre.

Au coucher du soleil le vent tombe un peu, les tentes peuvent être dressées non sans peine, le calme ne s'établit que vers 11 heures et demie du soir.

27 avril. — Séjour. — Abd el Hakem, Hanndeboul et Dob ben Maheza nous quittent; les deux premiers pour retourner chez eux, le troisième pour aller au Hoggar porter une lettre que le colonel envoie à Ahitaghel amenokal (chef suprême) des Hoggars, afin de lui annoncer qu'il a l'intention d'aller dans son pays l'hiver prochain.

En partant les Touareg nous donnent ou nous vendent leurs armes ou les harnachements de leurs mehara ; j'ai pu me procurer ainsi une selle de mehari (ghala) qui remplacera avec avantage le bât très incommode qui me sert de selle depuis que j'ai adopté cette monture.

Le colonel, désirant profiter du retour pour

reconnaître un itinéraire différent de celui que nous avons suivi à l'aller, décide que nous regagnerons El Byodh sans passer par Timas-sinin, Saïa connaît un itinéraire direct entre ces deux points; il y aurait quatre bonnes journées de marche sans eau.

28 avril. — Nous nous mettons en route à 6 heures pour marcher au nord nord-ouest, laissant à l'est le cap rocheux au pied duquel est creusé le puits de Tebalbalet, la caravane suit l'étroite vallée qui est à l'ouest de cette hauteur ; à 10 kilomètres environ de Tebalbalet, on gravit une croupe rocheuse en longeant un ravin profond dont les berges ont une dizaine de mètres de hauteur et sont absolument verti-cales. Un sentier bien tracé circule entre les roches énormes qui surmontent les bords de ce véritable abîme, c'est le passage le plus difficile que la caravane ait eu à franchir depuis que nous sommes en route; les chameaux marchent avec une prudente lenteur tout en semant un peu leurs chargements, mais tout se passe sans accident grave.

A la tête du ravin, qui est à 12 kilomètres de Tebalbalet, l'itinéraire traverse une dhayat à fond argileux couverte de buissons épais d'une

plante appelée nethil que nous n'avons rencon-
trée qu'en ce point, elle porte de jolies fleurs
violettes panachées de blanc; quelques gommiers poussent dans cette dhayat qui a un
kilomètre de longueur environ.

Au sortir de la Dhayat Nethil nous descendons
dans un large couloir appelé El Antak, compris
entre des berges rocheuses très inclinées couvertes de sable et qui va en se rétrécissant
beaucoup au fur et à mesure que nous avançons.
A 4 kilomètres du point où nous l'avons abordé,
ce couloir n'a plus qu'une centaine de mètres
de large et fait un coude brusque vers l'ouest;
nous le suivons encore pendant 4 kilomètres
au bout desquels nous débouchons dans une
vaste dépression de reg dirigée nord-est-sud-
ouest, qui est bordée par la montagne à l'est et
par des dunes élevées à l'ouest.

C'est ici que nous recevons les adieux de deux
Touareg Aoulimmidens que le colonel avait engagés comme sokhars à Ouargla, où ils étaient
détenus, ayant été faits prisonniers à la suite
d'une ghazzia tentée sur les Chaamba par une
troupe composée de Touareg Hoggars et Aoulimmidens. Ces deux hommes ont servi la mission
avec un zèle infatigable et se sont tenus en dehors

A mehari

des disputes de nos Chaamba qui nous ont amené tant d'ennuis.

Le colonel les a rendus à la liberté et leur a donné un chameau pour regagner leur pays qui est au sud du Hoggar dans la vallée du Niger, ils nous font de longs adieux en protestant de leur reconnaissance, tous deux ont les larmes aux yeux et l'un d'eux pleure fortement; ils ne se mettent en route vers le sud que lorsque la mission disparaît à leurs yeux.

Le passage des dunes est assez difficile, elles forment une chaîne de deux kilomètres d'épaisseur et ayant un relief de cent mètres environ; de l'autre côté de cette chaîne est une immense plaine de nebkat largement ondulée où le seffar forme de véritables prairies.

Au moment où nous entrons dans cette plaine, nous reprenons la direction nord-ouest que nous avions dû abandonner dans le passage d'El Antak.

Vers 2 heures nous campons dans la nebkat, nous sommes ici à une journée de marche sud-ouest du Khanfousa dont on aperçoit le sommet dans la dune; vers l'ouest à une dizaine de kilomètres, est un plateau rocheux assez élevé, en forme de gara qui porte le nom de Tanelagh, il y a une source au pied et au sud de ce plateau.

29 avril. — En route à 6 heures nous sortons de la nebkat qui disparaît peu à peu, laissant à découvert le sol sous-jacent qui est d'abord argileux puis pierreux ; c'est le terrain reg d'une nudité absolue et de couleur noirâtre. Nous sommes ici dans l'oued Igharghar dont le lit s'élargit jusqu'à avoir 40 à 50 kilomètres de largeur ; la vue s'étend sans limites sur cette immensité, sauf vers le sud-ouest où on voit quelques hauteurs rocheuses couvertes de sable qui terminent de ce côté le Djebel Iraouen.

Nous campons à 2 heures 1/2 près d'un assez beau gommier isolé au milieu de la plaine, l'horizon forme un cercle parfait autour de cet arbre ; le sol caillouteux ne porte pas un brin d'herbe, les chameaux se passeront de manger aujourd'hui.

30 avril. — Nous sommes en route avant le lever du soleil ; il s'agit de gagner un point où il y ait un peu de pâturages pour les chameaux qui ne pourraient rester plus de deux jours sans manger ; la caravane suit une direction nord-ouest dans la plaine qui a toujours le même aspect ; vers 8 heures nous passons à côté d'un groupe de trois gour appelés Gour Beïdha. Le ciel se couvre et la température s'abaisse beaucoup (21° à 8 heures) ; le pays que nous traversons prend un aspect d'une tristesse navrante sous ce ciel gris que renforce la sombre livrée du sol, on le croirait couvert de scories de haut fourneau.

Vers 11 heures, nous traversons une dépression allongée couverte de sable, où poussent quelques gommiers, un peu de seffar et de neci (1) ; à midi, le camp est établi dans une dépression pareille, où les chameaux trouveront un peu de nourriture.

A peine nos tentes sont-elles dressées que la pluie se met à tomber jusqu'à 2 heures de l'après-midi, elle reprend pendant la nuit et tombe avec force jusqu'au lever du soleil le lendemain.

1er mai. — Nous sommes en marche à 6 heures, il tombe une pluie fine qui ne cessera pas pendant toute la matinée, la température est relativement basse ; le pays est toujours le même aussi triste et aussi plat, on commence

_____

(1) Neci, *artratherum plumosum*, graminée très goûtée des chameaux et surtout des chevaux.

à apercevoir les berges de l'Oued Igharghar vers le nord-ouest.

A 15 kilomètres de notre camp d'hier, notre itinéraire coupe le medjebed de Ghadamès à In Salah, sentier parfaitement marqué dans la plaine ; vers 11 heures, nous franchissons les berges de l'oued qui sont peu élevées et très découpées. Au delà s'étend un plateau rocheux, mouvementé, parsemé de petites dhayat argileuses qui sont couvertes de betthina.

Vers 1 heure 1/2, après avoir contourné une gara blanchâtre, en forme de cône tronqué, nous venons camper dans un ravin profond qui contient une végétation assez vigoureuse ; il y a en particulier beaucoup de dhomran sur lequel nos chameaux se jettent avec avidité, car les pauvres bêtes n'ont pour ainsi dire pas mangé depuis trois jours.

Du haut de la gara on aperçoit très distinctement les dunes d'El Byodh, dont nous sommes éloignés de 25 kilomètres environ.

2 mai. — Nous suivons le fond du ravin, où nous avons campé hier ; il s'élargit beaucoup en se creusant profondément et débouche bientôt dans une vaste dépression dont le fond est mouvementé d'une façon très curieuse.

Le sol est couvert de monticules coniques, de gypse en forme d'ampoules, dont la partie supérieure est crevassée comme s'ils avaient éclatés sous l'action d'un gonflement lent. Dans quelques-uns de ces monticules, qui ont 1 mètre à 1ᵐ50 de relief, le sommet a disparu et laisse voir, sous une couche peu épaisse formée de gypse cristallisé en aiguilles accolées, une masse d'argile sablonneuse de teinte jaune ou blanchâtre.

Dans la partie la plus basse de la dépression, les monticules deviennent plus rares; ils se sont complètement désagrégés pour former un banc épais de cette terre savonneuse ressemblant au kaolin et que les nomades appellent terba.

Au sortir de cette dépression, nous retrouvons le plateau rocheux d'hier; de ce côté il est sillonné de nombreux ravins qui sont des affluents de la sebkhat El Byodh, que nous ne tardons pas à aborder à une certaine distance à l'ouest du point où nous sommes passés à l'aller.

Vers midi, nous mettons le camp sur l'emplacement où nous avons stationné les 25 et 26 mars; dans la journée, nous sommes assaillis par un orage violent, il tombe une pluie diluvienne pendant plus d'une heure.

3 mai. — Séjour. — Le colonel a décidé que je serai chargé de diriger, avec Béringer et Roche, une reconnaissance dans le gassi de Mokhanza, par lequel passe la route directe d'El Byodh à Ouargla, itinéraire que ne peut suivre toute la mission à cause du manque de points d'eau.

Je procède dans la journée à l'organisation de ma petite caravane qui doit comprendre deux guides, Mohamed ben Maatallah et El Arbi ben Salem des Chaamba, Saâd ben Mohamed, l'ordonnance de Béringer, indigène de Biskra, et trois sokhars ; j'emporterai de l'eau pour 10 jours et des vivres pour 15, le tout sera porté par 5 chameaux de bât, choisis parmi les plus vigoureux de la caravane, qui, joints aux 6 méhara qui doivent nous servir de montures, formeront un total de 11 animaux que l'on n'a pu dépasser.

Mohamed ben Maatallah, qui connaît cet itinéraire, assure, en effet, qu'il ne faut pas compter trouver beaucoup d'eau à Hassi el Mokhanza.

El-Biodh et l'entrée du gassi de Mokhanza

CHAPITRE VII

Le Gassi de Mokhanza. — 280 kilomètres sans eau. — Hassi
el Mokhanza. — Retour à Ouargla. — Ba Mendil. — Séjour.
— Départ du colonel Flatters.

---

4 mai. — Nous quittons El Byodh à 6 heures
du matin ; pendant que le gros de la mission
prend une direction ouest pour suivre en sens
inverse la route d'Aïn Taïba, Béringer, Roche et
moi marchons au nord à travers la sebkha El
Byodh ; à 7 heures, Maatallah me signale un
puits ensablé qui aurait de l'eau très préférable
à celle d'El Byodh. Les Touareg viennent parfois
camper en été à côté de ce puits appelé Bir
Chadi, qu'il est facile de dégager du sable qui le
remplit en ce moment, sa profondeur étant peu
considérable.

Notre itinéraire longe une falaise haute de quelques mètres qui borde la sebkhat à l'ouest; le terrain monte en pente douce et nous en sortons insensiblement pour gagner le gassi sur lequel nous devons marcher jusqu'au Hassi el Mokhanza.

La sebkhat El Byod s'étend très loin vers l'est, formant un vaste fossé semi-circulaire qui entourerait le massif des dunes d'El Byodh; on trouverait l'eau partout à moins d'un mètre de profondeur dans cette sebkhat, qui aurait un développement d'un jour de marche sur 4 à 5 kilomètres de largeur (1).

Le sol sur lequel nous marchons est tantôt rocheux, tantôt graveleux, avec quelques espaces sablonneux où il y a un peu de neci et de seffar. On rencontre souvent d'assez gros quartiers de roche, qui présentent un aspect tout particulier; ce sont des fragments de calcaire bleuâtre très dur et dont la face sud est profondément affouillée, ils ressemblent d'une manière

---

(1) Il semble que ce point d'El Byodh serait très favorable à l'établissement d'une grande oasis qui pousserait admirablement dans ce sol imprégné d'eau; une oasis créée en ce point prendrait rapidement une grande importance, pourvu qu'on y assurât la sécurité.

frappante à des roches qui ont subi l'action d'un courant d'eau très violent.

On ne peut s'empêcher de penser que dans le gassi d'El Mokhanza le vent entraînant beaucoup de sable, a produit ce curieux effet qui tendrait à prouver la fréquence des vents du sud dans cette région.

Notre guide nous signale deux puits qui sont situés au pied des dunes, à l'ouest de notre itinéraire ; le Hassi Moketta, mort (1) depuis longtemps, et le Hassi bou Khechba qui donne de bonne eau en faible quantité.

Vers 1 heure, nous atteignons une dune isolée dans le gassi, dune au milieu de laquelle se trouve une sorte de petite sebkhat dans laquelle l'eau se trouve à 0^{m}70 de profondeur ; cette eau est salée et légèrement amère, elle est certainement plus mauvaise que celle d'El Byodh. Ce point, qui aurait été découvert il y a une dizaine d'années par notre guide Mohamed ben Maatallah, venu en course de ce côté, s'appelle Mouïleh Maatallah (35 k.).

En nous promenant dans la dune, Roche et

_____

(1) Les nomades appellent puits mort un puits qui ne donne plus d'eau.

moi, avons trouvé un grand nombre de silex taillés, il y a beaucoup d'éclats de toutes sortes ; j'ai pu recueillir quelques beaux échantillons, entre autres un couteau en silex laiteux de près de 0ᵐ10 de longueur qui est admirablement taillé.

Béringer est très fatigué aujourd'hui, c'est la première fois qu'il monte à mehari et cette étape l'a absolument brisé ; il a la fièvre et passe toute sa journée couché sur le sable. Je lui ai fait installer une sorte de tente avec une couverture pour le préserver du soleil qui est très chaud ; il a pris de la quinine dès l'arrivée à Mouïleh Maatallah et va mieux dans la soirée.

A la nuit tombante les chameaux sont entravés et placés autour de notre bivouac de façon à assurer notre sécurité autant que possible. Chacun se roule dans sa couverture, place son fusil chargé à portée de la main et s'endort à la garde de Dieu, nous sommes trop peu nombreux pour pouvoir organiser un service de garde.

A partir de demain nous ferons des marches très longues ; de Mouïleh Maatallah à Hassi el Mokhanza il n'y a pas de point d'eau et on ne trouve que très peu de végétation pour les chameaux, aussi faut-il marcher aussi vite que possible.

5 mai. — Nous sommes en marche à 5 heures, nous contournons la dune par l'ouest; de ce côté se voient les ruines d'un gourbi en pierres sèches et un puits qui a cinq mètres de profondeur et deux mètres de diamètre, ce forage a été arrêté avant d'atteindre la nappe d'eau située sous une couche calcaire très dure qui en forme le fond. Notre guide ignore qui a pu entreprendre ce travail qui aurait été fait postérieurement à l'époque où il est passé ici pour la dernière fois, il y a une dizaine d'années.

Au nord de Mouïleh Maatallah le gassi est parsemé de petites dhayat sablonneuses où pousse un peu de neci; ce sable disparaît peu à peu et nous marchons dans une immense plaine caillouteuse sans limites, sauf à l'ouest où on voit les dunes de l'Erg d'Aïn Taïba. D'après notre guide c'est ici que le gassi d'El Mokhanza serait le plus large, on pourrait aller à deux jours de marche vers l'est avant de rencontrer les dunes de l'Erg oriental.

Vers midi le vent se lève soudainement du sud-ouest et prend en quelques instants une très grande force, il chasse le sable avec violence et couvre toute la plaine d'un nuage épais qui cache à notre guide ses points de repère. Mohamed ben Maatallah appuie au nord-est pour rejoindre une grande dune située de ce côté et qui peut lui servir à se retrouver. Vers 4 heures et demie nous atteignons la dune dans laquelle nous campons à 5 heures après une marche de plus de 12 heures (60 kilomètres).

J'ai tué une gazelle en cours de route, cela nous procure un excellent dîner largement assaisonné de sable malheureusement, car le vent souffle avec force jusqu'à la nuit. Béringer est remis de sa fatigue d'hier.

6 mai. — En route à 5 heures ; la température est très basse, si bien que nous faisons la première heure de marche à pied ; d'ailleurs la dune au pied de laquelle nous avons campé hier est trop difficile pour que nous puissions la franchir sur nos mehara. Notre guide est même obligé de chercher pendant quelque temps pour trouver un passage praticable à ces derniers ; ce massif de sable isolé dans le gassi s'appelle Ghourd Bendir.

Au sortir de cette dune nous reprenons possession de nos montures et la marche continue dans cette immense plaine caillouteuse suivant une direction nord-est. Vers 2 heures nous atteignons une ligne mince de dunes où nous faisons une courte halte, la chaleur est accablante et nous n'avons pour nous désaltérer que l'affreux breuvage qui se concentre dans nos tonneaux depuis El Byodh.

Au sortir de cette dune notre guide nous fait remarquer un bruit particulier qui se produit dans la dune, on dirait qu'un être invisible frappe d'une façon continue et rhythmée sur un tam-tam. D'après nos Chaamba ce bruit doit être attribué à la présence de djenoun (esprits), qui manifestent ainsi leur joie quand le vent souffle avec force; El Arbi ben Salem assure que l'on courrait les plus grands dangers si on passait dans cette dune pendant la nuit.

Vers 5 heures, nous campons au pied d'une dune peu élevée, située à droite de notre itinéraire; il n'y a pas un atome de végétation pour nos malheureux chameaux qui se passeront de manger aujourd'hui (60 kil.).

Dans la soirée, Mohamed ben Maatallah vient me trouver pour me dire qu'il ne se reconnaît pas très bien et qu'il est nécessaire que nous fassions une forte journée demain.

7 mai. — Nous sommes en route à 3 heures

et demie du matin, il fait très froid et nous marchons à pied jusqu'au lever du soleil ; notre guide nous fait appuyer fortement au nord-ouest pour atteindre une dune que l'on aperçoit de ce côté et où nous sommes vers 8 heures et demie ; je fais faire une petite halte en ce point où il y a beaucoup de végétation, de façon que nos animaux puissent pâturer un peu, puis la marche reprend à 9 heures dans une direction nord un peu est que nous suivons toute la journée.

C'est toujours la même plaine un peu moins nue cependant, elle est sablonneuse en certaines parties qui sont couvertes de neci, formant de véritables prairies d'un vert argenté très particulier. Il y a beaucoup de gazelles et d'antilopes dans cette partie du gassi, ces animaux nous regardent passer de loin sans s'approcher à portée.

Vers 4 heures et demie nous campons dans une dune peu élevée ; le vent, qui a soufflé avec force du nord-ouest pendant toute la journée, tombe complètement au coucher du soleil.

Dans la dernière partie de l'étape nous avons trouvé plusieurs fragments de lave du djebel Hoggar, nous serions donc bien dans le lit de

l'Oued Igharghar qui aurait coulé jadis jusqu'ici.
Roche a également recueilli des coquilles toutes
semblables à celles qu'il a trouvé dans l'Oued
Igharghar au point où nous l'avons traversé à
l'ouest de Timassinin (65 kil.).

8 mai. — Nous nous mettons en marche à
4 heures, suivant toujours la même direction;
le pays est un peu moins plat, certaines parties
sont couvertes de sable en nebkat peu épaisse,
les dunes se rapprochent, surtout à l'ouest de
l'itinéraire, côté où elles masquent complètement la vue. Cette région s'appelle Nezla; toutes
ces dunes ressemblent en effet assez bien à
une nezla, nom par lequel on désigne une
réunion de tentes indigènes.

Vers 2 heures nous sommes dans une espèce
de vaste cirque entouré de dunes de tous côtés,
le vent qui s'est élevé avec une grande force
souffle par rafales et change à chaque instant
de direction. Nous observons de gigantesques
tornades qui filent devant nous de l'ouest à
l'est soulevant le sable en énormes colonnes
compactes inclinées dans le sens de leur marche.

A 4 heures nous bivouaquons sur une langue
de sable couverte de dhomran, c'est la première

fois que nous rencontrons cette plante depuis que nous avons quitté El Byodh (60 kil.).

9 mai. — Nous sommes en route à 4 heures, Mohamed ben Maatallah assure que nous devons atteindre le Hassi el Mokhanza aujourd'hui, s'il plaît à Dieu, ajoute-t-il; il serait vraiment temps car nous n'avons plus que 25 litres d'eau, et quelle eau! le liquide que nous traînons depuis El Byodh est arrivé à un degré de salure et d'amertume qui rappelle à s'y tromper l'eau de Sedlitz; il a de plus une odeur putride des plus désagréables. Notre guide n'est d'ailleurs pas plus sûr que cela que nous trouverons de l'eau à Hassi el Mokhanza qu'il n'a pas visité depuis plusieurs années; dans ce cas, nous serions obligé de pousser jusqu'à Hassi bel Hiran, à 25 ou 30 kilomètres plus au nord pour avoir de l'eau.

Il faut espérer que nous n'aurons pas cette malechance, car nos chameaux sont dans un état de fatigue indiquant qu'ils sont à bout de forces; les pauvres bêtes n'ont pas bu et n'ont presque pas mangé depuis le 3 mai et marchent avec la plus grande peine. Le pays est le même qu'hier, tantôt pierreux, tantôt sablonneux, nous marchons sur une grande dune isolée que nous atteignons vers 10 heures.

Nos deux guides mettent pied à terre et gravissent cette dune pour tâcher de se reconnaître, car Mohamed n'est pas encore bien sûr de s'être retrouvé; arrivés au sommet de la dune ils nous font de grands gestes pour nous indiquer la direction à suivre, laquelle est vers le nord-ouest en contournant la dune.

Mohamed qui nous a rejoint, nous montre un sentier bien tracé qui traverse une grande plaine de sol reg que barre une haute dune vers le nord, c'est dans ce massif de sable, qui s'appelle le Ghourd Mokhanza qu'est le Hassi el Mokhanza.

Au milieu de la plaine, qui est couverte d'une assez belle végétation où domine l'azal en gros buissons, notre guide nous fait voir un grand entonnoir profond de 15 à 20 mètres qui rappelle parfaitement l'entonnoir d'Aïn el Taïba, il ne contient pas d'eau et s'appelle Mokhanza el Kedima.

Ayant demandé à Mohamed si l'on n'avait pas essayé d'y creuser un puits, il me répond que des Chaamba qui avaient tenté cette opération, ont abandonné bien vite leur entreprise parcequ'ils avaient entendu sous terre un grand bruit pareil à celui que produirait une cascade. Ils en avaient conclu que Mokhanza el Kedima était habitée par des djenoun qui leur auraient fait payer cher leur tentative.

Ce curieux phénomène, qui a été observé en plusieurs endroits dans le Sahara, dans la vallée de l'Oued Mzab en particulier, n'a pas encore été expliqué d'une façon admissible.

Vers 2 heures, nous atteignons Ghourd Mokhanza, massif de forme annulaire au milieu duquel est un entonnoir pareil à celui de Mokhanza el Kedima ; au fond de cet entonnoir, qui s'appelle Mokhanza el Djedida, est creusé un puits de 5m25 de profondeur. Il est maçonné sur 2m50 à partir de l'orifice et contient 30 à 40 centimètres d'eau qui répand une odeur infecte ; d'ailleurs mokhanza veut dire puant.

Je fais descendre deux sokhars dans le puits pour le nettoyer, opération des plus pénibles qu'ils font très rapidement ; l'eau que l'on retire du puits mêlée à une foule de détritus est versée dans une sorte de petite auge qui a été installée a proximité, nos chameaux se précipitent sur ce liquide nauséabond et le boivent avec une gloutonnerie qui donne une idée de leur soif.

Les pauvres bêtes sont absolument rendues, surtout les chameaux de bât qui sont arrivés

au puits plus d'une heure après les méhara, il a
fallu les exciter à coups de bâton pour les décider à faire les derniers kilomètres de cette étape.
Voilà six jours que nos animaux n'ont pas bu,
ils ont parcouru dans cet espace de temps plus
de 300 kilomètres en trouvant une nourriture
tout à fait insuffisante, les pâturages sont heureusement fort beaux à Mókhanza et ils vont
pouvoir se refaire un peu.

Dès que le puits est bien nettoyé et que son
eau a été renouvelée, j'en fais remplir un ton-
nelet qui est placé au soleil la bonde enlevée ;
Mohamed nous assure que cette eau perdra ainsi
sa mauvaise odeur en quelques instants, annonce
qui se réalise parfaitement. L'eau du Hassi el
Mokhanza est d'assez bonne qualité, l'hydro-
gène sulfuré qu'elle renferme en dissolution est
probablement produit par la décomposition du
sulfate de chaux qu'elle contient en présence de
matières organiques.

Quoiqu'il en soit, nous avons de l'eau à dis-
crétion aujourd'hui et nous en usons largement,
agrément fort sensible pour des gens qui n'ont
pu se livrer à aucun soin de toilette depuis cinq
jours.

D'après ce que me raconte Mohamed ben

12

Maahtallah le puits de Mokhanza serait très ancien; on ignore qui l'a creusé, il était à peine connu et était d'ailleurs comblé depuis longtemps, quand il y a cinq ans notre guide vint camper de ce côté pour y chasser l'antilope et le remit en état.

D'après Mohamed le Ghourd Mokhanza serait sur le bord occidental de l'Oued Igharghar dont l'autre bord serait formé par les grandes dunes de l'Erg oriental; à hauteur du Hassi el Mokhanza cet oued aurait environ 15 kilomètres de largeur et se présenterait sous l'aspect d'un couloir de reg sans berges visibles.

En résumé, le gassi de Mokhanza est une immense plaine comprise entre deux massifs de grandes dunes que l'on nomme Erg de l'est et Erg de l'ouest. Elle comprend l'Oued Igharghar qui en occupe la partie orientale; le terrain de cette plaine est tantôt le gassi rocheux, tantôt, et le plus souvent, le reg avec quelques parties couvertes de nebkat peu épaisse; on voit peu ou point d'ondulations.

Le sol dur est presque dépourvu de végétation, sauf dans les dunes qui se présentent en longues lignes minces courant du nord au sud magnétiques et découpant le gassi en larges couloirs parallèles qui communiquent entre eux par des passages nombreux. A hauteur d'El Byodh le gassi de Mokhanza aurait une centaine de kilomètres de largeur au moins et environ cinquante du côté de Hassi el Mokhanza.

On remarquera que la direction générale des chaînes de dunes se trouve être à peu de chose près perpendiculaire aux chaînes de montagnes du Tell algérien; aussi est-il propable que cette disposition est due à l'action des doubles courants d'air qui s'établissent régulièrement entre les crêtes de ces montagnes et les plaines basses du Sahara.

Des courants de même direction doivent régner entre ces mêmes plaines et le massif central saharien et se rencontrer avec les premiers dans la partie septentrionale du gassi de Mokhanza, ce qui expliquerait le rétrécissement de ce dernier de ce côté ainsi que le grand nombre de dunes qui s'y sont formées.

D'autres courants doivent se produire entre le golfe de la petite Syrte et le Sahara central; les trois courants dont nous venons de parler se dirigeant vers une même région qui est comprise entre l'Igharghar, les Chotts et les hauteurs de la Tripolitaine, doivent y créer une

zone de calmes relatifs dans laquelle se dépose
en plus grande quantité le sable qu'ils char-
rient.

C'est en effet dans cette région que le massif
de l'Erg a la plus grande épaisseur et que se
trouvent les dunes les plus élevées qui s'y
amoncellent sans ordre précis.

L'espace dégarni de sable qui existe entre El
Byodh et Hassi el Mokhanza se trouve préci-
sément sur la plus courte distance du massif
central saharien à la chaîne bordière du Tell
algérien; aussi conçoit-on que sur cette ligne,
où viennent mourir les brises de la mer et du
plateau du Tademait, il doit exister un courant
d'air continu dirigé sud-nord au sud et nord-sud
au nord, lequel a pour effet de maintenir cet
espace dégagé de sable, ou du moins d'y dispo-
ser le peu qui se dépose en longues lignes minces
dirigées suivant le sens du courant.

Quoiqu'il en soit, si jamais on se décide à
pousser une ligne ferrée à travers le Sahara au
sud de la province de Constantine, le gassi de
Mokhanza est une voie toute trouvée où l'installation d'un chemin de fer serait des plus
faciles. La découverte de ce passage dans l'Erg,
passage dont on ne soupçonnait pas l'existence,

est un fait géographique d'une importance considérable.

10 mai. — Nous quittons Hassi el Mokhanza pour marcher sur Ouargla, qui se trouve à 135 kilomètres environ nord-ouest; de 5 heures du matin à 4 heures du soir, nous marchons dans une région mouvementée comprenant des dépressions allongées à fond de reg séparées par des gantaras rocheuses, on rencontre quelques espaces couverts de nebkat dans les fonds avec une belle végétation. Les puits sont nombreux le long de notre itinéraire, mais nous en passons toujours assez loin.

Vers 4 heures, nous rencontrons un Chaambi, chassant en compagnie de deux Slouguis; cet individu nous raconte que quelques jours après notre départ d'Ouargla, l'agha nous avait envoyé un courrier à Temassinin; arrivé en ce point après notre départ, ce courrier y avait reçu avis que Si El Ala des Ouled Sidi Cheikh s'était mis en campagne avec 300 méhara pour attaquer la mission à son passage à Temassinin; aussi se dépêcha-t-il de rentrer à Ouargla. Nous avions quitté ce point depuis plusieurs jours que Si El Ala en était encore loin; informé de notre passage et surpris de la rapité de notre marche, il

renonça à son entreprise qui aurait eu des conséquences bien graves pour la mission, car les
Chaamba qui sont inféodés aux Ouled Sidi
Cheikh, ne nous auraient certainement pas
défendus.

Le même Chaambi nous a appris l'arrivée à
Ouargla du courrier que le colonel y avait
envoyé d'El Byodh, l'agha est absent d'Ouargla,
son khalifat le remplace dans son commandement.

Nous campons non loin d'une grande dune,
appelée Ghourd bel Ktouta, qui rappelle un fait
important dans l'histoire de la conquête du sud
de l'Algérie; c'est dans cette dune que Si Bou
Becker ben Hamza des Ouled Sidi Cheikh, notre
khalifat, s'empara, en 1859, après un combat très
vif, du chérif Mohamed ben Abdallah qui avait
failli compromettre la domination française dans
le sud algérien (50 kil.).

11 mai. — Nous sommes en route à 5 heures;
le pays est moins mouvementé et devient de
plus en plus sablonneux, la végétation est très
active et forme de magnifiques pâturages pour
les chameaux et les moutons.

Vers 7 heures, nous arrivons dans une grande
dépression, bordée au nord par une ligne de

hauteurs rocheuses abruptes qui la dominent d'une trentaine de mètres; au centre de la dépression est un puits profond (12 mètres), le Hassi Teboub, où deux Chaamba font boire quelques chameaux.

Ces individus sont des membres de la famille du célèbre Bou Khechba qui est campé dans les environs; ce Bou Khechba est un des coureurs de route les plus hardis de la tribu des Chaamba Hab er Rih, un maître dans la science de la ghazzia, en face duquel les Touareg eux-mêmes baissent pavillon.

La chaleur est tellement accablante aujourd'hui que je me décide à faire halte pendant quelques heures, nous nous arrêtons dans un véritable petit bois de zeïta, arbustes fort jolis couverts de belles fleurs couleur amaranthe, qui donnent malheureusement une ombre insignifiante. Je fais confectionner une sorte de tente avec deux de nos couvertures et nous nous plaçons à l'abri de cette installation sommaire pour attendre que le gros de la chaleur soit passé.

Vers 10 heures, l'aîné des fils de Bou Khechba, Maammar, vient nous rendre visite, il me présente les regrets de son père qui souffre de douleurs rhumatismales et ne peut se déplacer, il nous prie d'accepter la dhiffa qui nous sera apportée dans la journée.

Une heure se passe et Saad vient me prévenir qu'un groupe de Chaamba s'avance vers notre bivouac; c'est Bou Khechba lui-même transporté par ses serviteurs, car il est à moitié paralysé; il est suivi de ses enfants portant la dhiffa.

Le vieux Chaambi est placé à côté de notre tente, assis sur une petite dune de sable dans laquelle on lui a arrangé une sorte de siège; il nous adresse une foule de salutations et de nombreux compliments pour notre heureux voyage dans le pays des Touareg.

Bou Khechba est de haute taille, bâti en hercule et semble fort intelligent; il parle volontiers de son passé qui est réellement intéressant. C'est à la suite d'une de ces histoires de sang, si fréquentes dans le désert, que cet homme avait juré la haine la plus profonde aux Touareg.

Ayant perdu de très bonne heure ses père et mère, il fut recueilli par ses deux oncles qui commerçaient avec In Salah et Ghadamès et qu'il suivait dans leurs déplacements. Étant encore enfant, il fit partie avec ses parents d'une caravane qui fut attaquée par des Touareg et des

gens de Ghadamès ; seul il put s'échapper et
regagner après des souffrances inouïes les campements de sa tribu.

Devenu homme il voua une haine terrible aux
assassins de ses oncles, toute sa vie se passa
en ghazzia contre ses ennemis ; il devint tellement redoutable que la djemaa de Ghadamès lui
demanda quelles conditions il exigeait pour
faire la paix. Bou Khechba répondit qu'il ne
cesserait de ghazzier les Ghadamésiens tant
qu'il vivrait, à moins cependant qu'ils ne lui
rendissent ses oncles vivants ; puis il continua
ses représailles jusqu'au jour où la vieillesse et
la maladie le forcèrent à rester dans sa tente.

Au cours de ses déplacements lointains à la
poursuite de ses ennemis, il s'est trouvé souvent
obligé de rester quelque temps dans des endroits où il n'y avait pas d'eau ; si le terrain lui
paraissait favorable il faisait creuser un puits.
Son habileté pour reconnaître les endroits où se
trouvait une nappe d'eau à une profondeur
raisonnable était si grande, qu'il ne craignait
pas de s'engager dans des régions complètement
dépourvues de points d'eau et où ses adver-
saires n'osaient le poursuivre.

Le point le plus méridional où il ait foré un

puits est à deux ou trois journées de marche sud-ouest d'El Byodh dans l'Oued El Hadjadj; Bou Khechba m'assure qu'il a créé ainsi une dizaine de points d'eau dans le Sahara au sud d'Ouargla jusqu'au djebel Hoggar; les deux derniers puits qu'il a creusé sont le Hassi Bou Khechba, situé à peu de distance au nord-ouest d'El Byodh, et le Hassi Bou Séroual, près de Hassi Teboub.

Roche saisit l'occasion pour demander au vieux Chaambi s'il peut lui donner des renseignements sur les terrains qu'il a traversés en pratiquant ces deux forages; Bou Khechba donne des indications assez précises et assez nettes sur ces terrains.

La dhiffa de Bou Khechba bien que tout à fait saharienne, est fort bonne et très plantureuse, surtout pour des voyageurs qui sont complètement privés de viande fraîche depuis de longs mois.

Après la dhiffa Bou Khechba nous quitte, et, comme nous sommes en train de plier bagages, son fils Maammar m'amène deux magnifiques moutons que son père nous envoie pour assurer nos vivres pendant le reste de notre voyage. J'ai voulu d'abord refuser, mais Maammar m'assure que son père lui a défendu de revenir à sa tente avec les moutons, je lui glisse vingt francs dans la main et il s'en retourne enchanté.

A 2 heures et demie, nous reprenons possession de nos montures et nous filons vers le nord-ouest à travers une région accidentée ; c'est le pays des gour, des oueds et des gantaras que nous avons traversé plus à l'ouest à l'aller.

Vers 4 heures, nous atteignons l'Oued Bou Nemel que j'ai reconnu de Hassi Mjeïra le 11 mars ; le Hassi Bou Nemel el Djedida où je suis allé à cette époque, est à 2 ou 3 kilomètres ouest-sud-ouest du point où nous établissons notre bivouac dans l'Oued Bou Nemel.

De ce point on aperçoit très distinctement la brèche par laquelle cet oued débouche dans le cirque au milieu duquel est le Hassi Mjeïra.

Pendant la marche nous avons été rejoints par le courrier que le colonel avait envoyé d'El Byodh à Ouargla et qui retourne au sud pour rejoindre la mission, il campe avec nous et ne continuera sa marche que demain. Je lui remets une lettre pour le colonel, lettre par laquelle je lui rends compte de notre heureuse arrivée à Mokhanza, je l'informe également que je compte rentrer après demain au plus tard à Ouargla.

12 mai. — Dans la nuit du 11 au 12 mai nous avons été assailli par un coup de vent très froid du sud-ouest; ce vent a transporté une très grande quantité de sable qui recouvre d'une couche de plusieurs centimètres d'épaisseur tous les objets placés sur le sol et nous mêmes; c'est la première fois que je constate ce fait d'une façon aussi frappante.

Nous sommes en route à 5 heures du matin par un froid si vif que nous marchons à pied jusqu'au lever du soleil; à partir de ce moment nous montons à mehari et faisons route rapidement au nord-ouest. C'est toujours le même pays coupé d'oueds et de gantaras; certaines dépressions affectent la forme de cuvettes circulaires, comme le Haoudh ben Amra où nous faisons une halte d'une heure vers 10 heures du matin.

Vers midi et demi nous reconnaissons le Hassi Terfaya auprès duquel nous avons campé le 6 mars et nous établissons à une heure notre bivouac à 10 kilomètres au nord de ce puits; dans la soirée j'envoie un des sokhars à Ouargla avec une lettre pour le khalifat de l'agha; je l'informe de notre arrivée dans cette oasis où je pense être le 13, vers 10 heures du matin.

13 mai. — La marche reprend à 5 heures du matin et nous parcourons en sens inverse la route parcourue le 6 mars; au moment où nous atteignons le bord de la sebkhat, je suis abordé par un cavalier que le khalifat a envoyé à ma rencontre et qui doit le prévenir de notre approche.

A 10 heures, nous sommes à Rouïssat où le khalifat nous attend entouré de tous ses caïds dans leurs plus belles tenues; nous faisons triste figure tous les trois dans nos costumes de voyageurs sahariens au milieu de tous ces brillants cavaliers. Depuis le 4 mai nous ne nous sommes pas déshabillés et nos effets ont singulièrement souffert dans cette dernière partie du voyage.

Nous avons mis pied à terre pour serrer la main de notre aimable hôte et, après avoir reçu les salutations de tous ses caïds, nous reprenons place sur nos montures pour gagner Ba Mendil, station d'été de l'agha, qui est à quelques kilomètres au nord d'Ouargla.

L'oasis d'Ouargla est en effet très malsaine dès le commencement de mai, et sauf quelques nègres qui y résident en permanence, tous les habitants l'abandonnent pour aller camper sur les plateaux élevés qui bordent la sebkhat.

Du commencement de mai à fin septembre, les gens de race blanche ne peuvent stationner à Ouargla sans s'exposer aux atteintes du them, fièvre bilieuse grave, très tenace, et dont on se débarrasse très difficilement.

Quand on arrive à Ouargla à cette époque de l'année, il est prudent de prendre du sulfate de quinine comme préventif; c'est une précaution que nous n'avons pas manqué d'observer, depuis que nous avons quitté Hassi el Mokhanza j'ai fait une distribution journalière du précieux médicament à tout le personnel de ma petite caravane.

A 11 heures nous sommes à Ba Mendil où Mohamed ben Belkassem nous a fait préparer un déjeuner de Sardanapal, il a tiré de sa cave son meilleur bordeaux.

Le 17 la mission arrive à Ouargla; partie le 4 mai d'El Byodh elle campait le 9 à Aïn Taïba et le 14 à Hassi Mjeïra où elle faisait séjour le 15; le colonel a reçu le 14 la lettre par laquelle je l'informais du résultat de notre voyage.

Le 18 le colonel nous quitte et se rend à

Ba Mendil.

Laghouat avec un petit convoi, laissant le commandement de la mission à Masson, qui est chargé de régler les comptes des guides et des sokhars et de ramener la mission à Laghouat.

Nous devons séjourner quelques jours à Ouargla à cet effet.

CHAPITRE VIII

D'Ouargla à Laghouat. — L'Oued Mzab. — Le pays des Beni
Mzab. — La Chebkat. — Laghouat. — Dislocation de la
mission.

Du 17 au 20 mai nous réorganisons la mission
en caravane légère pour faire le trajet d'Ouargla
à Laghouat, les chameaux qui ne sont pas utiles
pour ce trajet resteront à Ouargla jusqu'à l'hiver
prochain ; Cheikh ben Babia de Negoussa (1) sera
chargé de les soigner, c'est un excellent homme
dans lequel on peut avoir toute confiance. Il
existe, d'ailleurs, à proximité de l'oasis dont il

_____

(1) Negoussa est une petite oasis située à 20 kilomètres
au nord d'Ouargla.

est le chef, de très beaux pâturages où nos animaux pourront se refaire de leurs fatigues.

Masson a réglé, sans trop de difficultés, le compte des Chaamba qui sont redevenus de petits agneaux depuis qu'ils sentent sur leur tête la puissante main de l'autorité.

Le 21 au matin, nous descendons de la gara élevée sur laquelle est perché le bordj de Ba Mendil, et nous prenons une direction ouest-nord-ouest pour faire route sur le pays des Beni Mzab.

Comme nous devons faire le trajet d'Ouargla au Mzab sans trouver d'eau, le khalifat de l'agha a envoyé un petit convoi porter une vingtaine de guerbas pleines d'eau au point où nous devons camper aujourd'hui. Cela nous permet de n'emmener qu'une centaine de chameaux et de réduire ainsi au minimum ceux de ces animaux qui iront à Laghouat.

Il existe, en effet, en cette saison dans cette oasis une mouche spéciale dont la piqûre est excessivement dangereuse pour les chameaux; tout animal qui a été atteint par ce redoutable diptère meurt presque infailliblement l'hiver suivant.

Nous campons le 20 près du Ghourd Mellela,

haute dune isolée, qui se trouve dans une vaste
dépression appelée Haoudh Mellela.

22 mai. — Nous appuyons un peu au nord
pour atteindre la vallée de l'Oued Mzab, où nous
devons camper aujourd'hui, près du point appelé
Hadjar el Azreg (la pierre bleue); en cet endroit
l'Oued Mzab est un large lit desséché, bordé de
berges rocheuses peu élevées et encombré de
sable mamelonné où pousse une assez belle
végétation.

23 mai. — Nous suivons la vallée de l'oued
qui conserve le même aspect, elle décrit des
sinuosités assez nombreuses que nous évitons
en passant tantôt sur sa rive droite, tantôt sur
sa rive gauche.

La caravane campe dans l'oued à une dizaine
de kilomètres à l'est d'Oglat Zelfana, seul point
d'eau qui existe entre Ouargla et le Mzab sur la
ligne que nous suivons.

24 mai. — On suit toujours l'oued Mzab; vers
10 heures nous passons à Oglat Zelfana, les
4 ou 5 puits qui forment cette oglat (1) sont
presque complètement remplis de sable; il serait
d'ailleurs facile de les dégager, car ils n'ont que

_____

(1) Oglat désigne une réunion de puits.

trois ou quatre mètres de profondeur à ce qu'assure notre guide.

Au delà d'Oglat Zelfana l'oued devient de plus en plus profond et décrit des sinuosités très prononcées, que le guide nous fait éviter en passant dans un chemin fort difficile qui franchit un contrefort rocheux, bordé de falaises presque à pic de 50 à 60 mètres de hauteur. Dès que nous avons traversé ce contrefort nous reprenons l'oued qui devient bientôt une gorge sauvage, resserrée entre des berges rocheuses abruptes, atteignant une centaine de mètres de hauteur.

Le lit de l'oued, qui a trois ou quatre cent mètres de largeur, se couvre peu à peu de palmiers, de jardins maraîchers et de cultures d'orge ; nous traversons plusieurs saguiats (conduites d'eau) qui sont alimentées par de nombreux puits où l'eau est puisée jour et nuit pour arroser les cultures.

De tous côtés on entend le grincement des poulies des appareils de puisage qui sont mis en mouvement par des chameaux, des ânes, ou même des esclaves car les Beni Mzab en possèdent beaucoup.

Il fait une chaleur atroce dans le lit de l'oued

que le soleil enfile dans toute sa longueur, et nous poussons un soupir de satisfaction quand nous atteignons, dans l'après-midi, la petite ville d'El Ateuf où nous devons camper aujourd'hui ; en cette saison une étape de 50 kilomètres est une véritable fatigue même quand on en a quelque peu l'habitude.

El Ateuf est une petite ville de 1,500 à 2,000 âmes, bâtie en amphithéâtre sur un mamelon détaché des berges sud de l'Oued Mzab; avec ses deux minarets qui dominent le fouillis de ses maisons en cubes, blanchies à la chaux et percées de centaines de petites ouvertures, elle présente un aspect fort pittoresque surtout quand on vient du Sahara.

Comme nous sommes arrivés fort tard à El Ateuf et qu'on ne peut envoyer les animaux au pâturage aujourd'hui, nous séjournerons ici demain; on fait boire les chameaux dans la soirée, opération assez longue car les puits d'El Ateuf ont 25 à 30 mètres de profondeur.

26 mai. — Nous quittons El Ateuf pour suivre l'Oued Mzab qui garde toujours le même aspect sauvage, malgré les jardins qui forment une étroite bande de verdure au pied de ses berges.

Nous passons bientôt à côté de la petite ville

de Bou Noura, étrange forteresse à moitié ruinée qui est littéralement suspendue aux falaises escarpées bordant la rivière au nord.

Plus loin, l'oued reçoit au sud un affluent important, l'Oued Ntissa; au confluent est bâtie la ville des Beni Isguen (5,000 habitants), la seconde agglomération du Mzab, au point de vue de la population, la première en ce qui touche la richesse des habitants; cette ville a un aspect d'aisance qui est tout à fait remarquable, elle est entourée d'une enceinte crénelée et munie de tours de flanquement, qui paraît très solidement installée et est en excellent état.

Laissant cette ville sur notre gauche, nous passons au pied du mamelon rocheux qui porte la petite ville de Melika (la Royale), la cité sainte des Beni Mzab, et nous venons dresser notre camp à peu de distance des remparts de Ghardaïa, capitale du pays.

Cette ville est bâtie sur un mamelon rocheux complètement détaché des berges méridionales de l'oued; ses maisons, percées de nombreuses arcades, sont disposées en escaliers de la base au sommet du mamelon que surmonte le minaret élevé de la grande mosquée; l'ensemble ressemble à une gigantesque pyramide qu'on

croirait due à la fantaisie de quelque Pharaon
saharien.

Un mur d'enceinte, en assez piteux état, flan-
qué de nombreuses tours carrées à moitié
ruinées, entoure la capitale mozabite qui présente un aspect bien moins plaisant que la ville
des Beni Isguen.

A peine le camp est-il installé que le président de la djemâa des Beni Isguen, El Hadj
Youssef, vient nous chercher pour nous offrir la
dhiffa. Ce mozabite, qui est un des plus riches
commerçants du pays, connaît Masson qu'il a
eu l'occasion de voir plusieurs fois à Constantine, quand celui-ci était aide de camp du général
commandant la division.

El Hadj Youssef nous a fait préparer un excellent déjeuner, auquel nous faisons honneur,
après quoi nous visitons Beni Isguen en détail;
cette ville est fort bien bâtie, on y voit beaucoup
de magasins où se trouvent des marchandises
de toutes sortes : cotonnades anglaises, bougies
et savon de Marseille, produits du pays et de
l'Afrique noire, tout est accumulé dans ces
petites boutiques où se font de grosses affaires;
quant à la marchandise noire qui fait l'objet
d'un commerce assez important à Beni Isguen

et à Ghardaïa, on l'a quelque peu dissimulée à l'occasion de notre passage.

Quand je rentre au camp, Aïssa ben El Khaldi me raconte que, le prenant pour un client, un commerçant mozabite lui a présenté un assez joli lot de soudaniens mâles et femelles dans un fondouk où ils étaient enfermés à l'abri des regards indiscrets.

Nous faisons séjour le 27 mai à Ghardaïa; la plus grande partie de notre séjour se passe à visiter cette capitale qui est fort intéressante quoiqu'elle soit moins bien bâtie que Beni Isguen. Les magasins sont très nombreux et fort bien montés en toutes sortes de choses, il y a plusieurs grands bazars où un voyageur trouverait tout ce qui peut lui être nécessaire en matériel, effets et objets d'alimentation.

On remarque plusieurs ateliers de forgerons armuriers et de menuisiers dont les produits tout en étant assez grossiers, ne manquent pas d'un certain cachet, qui prouve une réelle habileté de la part des ouvriers mozabites. La rue principale de la ville qui est longue et assez large, est fort animée et suffit pour donner une idée de l'activité commerciale de la capitale du Mzab.

Nous sommes montés jusqu'à la grande mosquée dans laquelle nous avons jeté un regard curieux sans y entrer; c'est un édifice sans aucune valeur monumentale, il est en assez mauvais état bien qu'il soit très révéré; on assure qu'il renferme une bibliothèque de grande valeur.

De nombreux tolba se tiennent à l'entrée de cette mosquée et nous regardent passer en nous examinant d'une façon peu encourageante; le clergé mozabite, qui jouit d'une grande puissance dans la confédération du Mzab, puissance dont il est excessivement jaloux, est complètement opposé à toute extension du protectorat que la France exerce sur ce pays.

Il faudra bien cependant que ce protectorat se transforme à bref délai en une sujétion complète, car le Mzab a servi trop souvent de centre de ravitaillement aux tribus insurgées contre l'autorité française. Malgré une surveillance d'ailleurs fort difficile et des promesses qui n'ont jamais été tenues loyalement, les Beni Mzab ont toujours fourni à nos ennemis de la poudre, des armes et tout ce qui leur était nécessaire pour leur permettre de nous faire la guerre; ces gens là tirent de la situation que nous leur avons faite un peu bénévolement, de gros profits à notre détriment et il est probable que l'on ne pourra mettre fin à ces agissements qu'en occupant ce pays (1).

Ghardaïa est la seule ville de l'Oued Mzab où puissent habiter les juifs ; ils sont parqués dans un quartier spécial (mellah) communiquant avec le reste de la ville par une porte qui est fermé tous les soirs.

Les israélites sont méprisés ici comme partout en pays musulman ; en dehors de la mellah ils sont soumis à des obligations humiliantes dont ils ne peuvent se départir sans s'exposer à de grosses pénalités. Dans la ville ils doivent marcher pieds nus et l'usage d'une monture quelle qu'elle soit leur est absolument interdit ; la mellah est le plus ignoble assemblage de masures qui se puisse imaginer, cette population juive est d'ailleurs dans un état de dépravation physique et morale dont rien ne peut donner une idée.

28 mai. — Nous contournons Ghardaïa par le nord en longeant le thalweg de l'Oued Mzab

---

(1) L'occupation de Ghardaïa a été décidée et mise à exécution en 1882, deux ans environ après l'époque où ces lignes ont été écrites.

qui est très resserré et profond de 8 à 10 mètres ; les Mozabites ont établi de ce côté un barrage assez remarquable qui sert rarement d'ailleurs, car l'oued ne coule jusqu'à Ghardaïa que tous les 5 ou 6 ans.

Les cultures de Ghardaïa s'étendent en amont de cette ville ; elles forment une magnifique oasis de 50,000 palmiers qui est arrosée par un barrage établi à 8 où 10 kilomètres en amont ; la retenue d'eau formée par ce barrage est très considérable, et arrose ces cultures pendant une bonne moitié de l'année quand l'hiver est pluvieux, ce qui se présente une année sur deux environ.

Dans les années de sécheresse, les Mozabites n'ont d'autre eau que celle de leurs puits qui sont pour la plupart très profonds (de 15 à 50 mètres) ; le niveau de l'eau dans ces puits baisse d'une façon notable quand la sécheresse se prolonge pendant plus de 2 ans, fait qui se produit encore assez fréquemment.

Après avoir remonté l'oued sur un ou deux kilomètres, la caravane s'engage dans un ravin qui échancre profondément sa berge septentrionale et ne tarde pas à déboucher sur le plateau mouvementé appelé Chebkat (filet). C'est,

en effet, un réseau très compliqué de ravins tortueux et peu profonds entre les mailles desquels
sont des mamelons rocheux désagrégés par les
intempéries ; tout cela d'une couleur noirâtre
et uniforme, sans un atome de végétaton à cette
époque de l'année, forme un paysage d'une
morne tristesse qui est bien le comble de la
désolation.

La Chebkat a environ 40 kilomètres du sud au
nord, elle est limitée au nord par l'Oued el Bir
sur lequel se trouve la ville mozabite de Berrian
où nous devons camper le 28 mai.

On descend du plateau dans la vallée de cet
oued par un ravin tortueux et profondément
encaissé, de plusieurs kilomètres de longueur.
À Berrian, nous campons au pied du mur d'enceinte, non loin de la rive droite de l'Oued el
Bir et tout près de la principale porte d'entrée
de la ville.

Berrian est assez bien bâtie, elle s'élève en
amphithéâtre sur un contrefort rocheux de la
rive droite de l'Oued el Bir qui le contourne par
le nord ; les cultures, qui s'étendent sur plusieurs kilomètres le long de la rivière, sont très
belles, elles comprennent environ 10,000 palmiers dont les dattes sont renommées. L'Oued

el Bir coule une partie de l'année et l'oasis est facile à arroser même en temps de sécheresse, les puits creusés dans la vallée étant relativement peu profonds.

Berrian, qui a 4,000 habitants, n'est pas aussi commerçante que les villes de l'Oued Mzab ; avec la ville de Guerrara, qui est située à trois jours de marche vers l'est dans la vallée de l'Oued Zeguerir, elle complète la confédération des Beni Mzab qui compte ainsi sept villes ayant une population totale supérieure à 25,000 âmes.

Nous quittons Berrian le 29 mai, la température devient chaque jour plus élevée, aussi ferons-nous de plus courtes étapes à partir d'aujourd'hui ; les 29 et 30 nous campons dans la région qui s'étend entre l'Oued el Bir et le Ras Resbaïer, col élevé qui marque la limite méridionale du pays des dhayat.

Le 31, nous abordons cette région, vaste plateau pierreux, ondulé, parsemé de cuvettes argileuses, comprenant chacune un système de ravines qui y apportent l'eau des environs au moment des pluies. Ces petits bassins appelés dhayat sont généralement couverts d'une très belle végétation, comprenant surtout des jujubiers et des bethoums (pistachier térébinthe)

qui y atteignent une taille énorme; ces arbres
ressemblent beaucoup à des frênes pour lesquels on les a pris souvent au début de l'occupation de l'Algérie.

Le 31, nous campons dans la Dhayat Tilghemt
qui est une des plus belles, sinon la plus belle;
cette dhayat est circulaire et forme un bois de
haute futaie qui a plus d'un kilomètre de diamètre; au milieu existe un mamelon rocheux
sur lequel est la kouba d'un marabout et un
cimetière indigène assez étendu.

Dans la partie basse de la dhayat on a creusé
un puits de 65 mètres de profondeur et on a
établi une très belle citerne qui peut contenir
7 à 800 mètres cubes d'eau. Cette citerne se
remplit en hiver et sert à abreuver les troupeaux
des nomades qui fréquentent cette région. Elle
est actuellement à sec; aussi, pour abreuver
nos chameaux qui n'ont pas bu depuis Berrian,
sommes-nous obligés de tirer du puits l'eau
nécessaire, opération qui n'est pas des plus
faciles étant donnée sa profondeur.

Commencée à l'arrivée au bivouac, dans l'après-
midi, cette opération ne peut-être terminée
avant la nuit close, bien que nous n'ayons que
100 chameaux à faire boire.

Au cours de l'étape du 31 nous avons rencontré l'agha d'Ouargla qui rentre dans le chef-lieu de son commandement, l'agha a remis un volumineux courrier à Masson, il nous annonce que le colonel Flatters a quitté Laghouat, depuis quelques jours, pour se rendre à Paris.

Nous avons installé nos tentes à l'ombre des bethoums, c'est la première fois que pareille aubaine nous échoit depuis que nous sommes en voyage ; l'arbre sous lequel je suis installé à 3 mètres de tour et pourrait abriter quatre tentes.

Le 1er juin, nous campons à Dhayat Diba où il n'y a que quelques bethoums de petite taille ; le 2, nous sommes à l'Oued bou Trekfine, large lit sablonneux, couvert d'halfa très beau ; Masson envoie un cavalier à Laghouat pour annoncer notre arrivée.

Le 3 juin, nous faisons notre entrée à Laghouat ; j'ai précédé la caravane en compagnie de Brosselard pour préparer les logements de la mission ; mon entrée sur mon grand méhari fait sensation, et c'est au milieu d'un groupe compact de troupiers et de bédouins que je mets pied à terre devant le bureau arabe.

Le commandant Belin, commandant supérieur, me reçoit d'une façon fort aimable ; le capitaine

Spitalier, chef du bureau arabe, a fait préparer
deux chambres dans son logement pour Masson
et pour moi ; il m'indique un logement à proximité qui pourra être facilement aménagé pour
recevoir les autres membres de la mission.

En attendant l'arrivée de la caravane je fais
préparer ce logement, puis je me rends au-
devant de Masson pour lui indiquer le quartier
où seront logés nos ordonnances et l'endroit
où pourront être déchargés les chameaux.

Le capitaine Spitalier a déjà désigné des spahis
qui prendront ces derniers, dès qu'ils seront
déchargés, et les conduiront avec les chameaux
de la smala qui sont au pâturage à une petite
journée de marche vers El Haouïta (1). De cette
façon nos animaux resteront ici le moins longtemps possible et échapperont peut-être à la
terrible mouche de Laghouat.

Vers 10 heures la caravane arrive et est
déchargée aussitôt ; nos bagages sont placés
dans la cour intérieure des bâtiments occupés
par le service des affaires indigènes. Une heure
après, le commandant supérieur nous réunissait
tous à table, et nous fêtions dans une charmante

(1) El Haouïta, petite oasis située à 48 kilomètres 500
de Laghouat.

réception notre retour dans le monde civilisé que nous avions quitté le 7 février, il y a bien près de 4 mois.

La première mission transsaharienne était terminée ; bien qu'elle eut été menée avec rapidité, tant à cause d'une organisation défectueuse que par suite de l'époque avancée à laquelle on l'avait mise en route, elle n'en avait pas moins produit des résultats importants.

L'itinéraire suivi se confondait en partie avec la route que l'interprète militaire, Ismaïl bou Derba, avait reconnu au cours de son voyage à Ghat en 1858. Mais, les conditions dans lesquelles ce voyageur avait exécuté cette reconnaissance, avaient été si pénibles qu'il n'avait pu en rapporter un levé régulier. Ismaïl Bou Derba avait fait ce voyage en été et, pour échapper aux Touareg qui avaient manifesté des intentions hostiles à son égard, il avait du marcher très rapidement et souvent pendant la nuit, ce qui ne lui avait pas permis de faire des observations continues.

D'ailleurs, l'itinéraire suivi au retour, de Tebalbalet à Ouargla par El Byodh et Hassi el Mokhanza, était tout à fait inconnu et la reconnaissance du gassi de Mokhanza constituait une

14

véritable découverte géographique d'une réelle importance.

La mission rapportait une carte régulière d'une région peu ou point connue, un itinéraire présentant un développement de 12 à 1,500 kilomètres bien appuyé sur de nombreuses observations astronomiques et des documents précieux aux points de vue géologique, météorologique et ethnographique ; en somme, étant donné les conditions défectueuses dans lesquelles cette expédition avait été entreprise, le résultat était tout à fait remarquable.

DEUXIÈME PARTIE

CHAPITRE PREMIER

Organisation de la deuxième Mission. — Départ d'Ouargla
— La vallée de l'Oued Mya. — Hassi el Mesegguem.

Au cours du premier voyage, le colonel Flatters
avait cherché à nouer des relations avec Ahitaghel, amenokhal des Hoggars, à qui il avait
envoyé une lettre par le Targui Dob ben Maheza ;
la réponse d'Ahitaghel lui parvint à Paris où il
s'occupait de déterminer une organisation nouvelle pour une deuxième mission.

Cette lettre du chef des Hoggars était peu favorable, elle fut bientôt suivie d'une autre missive conçue en termes plus engageants, qui était une réponse à une lettre que Flatters avait envoyée d'Ouargla à Ahitaghel par Cheikh ben Boudjemaâ, un des guides chaamba de la première mission.

Cette réponse décida le gouvernement à reprendre les opérations au cours de l'hiver 1880-81 et le colonel prépara sans retard l'organisation de cette deuxième expédition.

Voulant cette fois avoir une caravane où il fût réellement le maître, il demanda à choisir ses chameliers dans les régiments de tirailleurs algériens, de façon à ne prendre parmi les Chaamba que les guides et quelques chameliers ; cette demande lui fut accordée.

Ayant reconnu le peu de fonds que l'on pouvait faire sur les engagements pris par les indigènes, en ce qui touche les approvisionnements à emporter, il décida que la mission prendrait des vivres pour tout son personnel auquel seraient faites des distributions journalières.

L'organisation était donc toute militaire et très supérieure à tous égards à celle de la première mission ; il devait en résulter de grandes facilités pour la conduite de l'expédition qui se trouvait ainsi dans des conditions bien meilleures pour réussir.

Le colonel crut devoir diminuer l'importance du personnel comprenant la mission proprement dite qui fut réduite à 6 membres :

MM. Masson, capitaine d'état-major, commandant en deuxième, Béringer, ingénieur des travaux de l'État, Roche, ingénieur des mines, Guiard, médecin aide-major de 1re classe, de Dianous de la Perrotine, lieutenant d'infanterie, détaché aux affaires arabes, Santin, ingénieur civil.

Le lieutenant de Dianous, devait être chargé spécialement de la conduite du convoi ; les maréchaux des logis de cavalerie Pobéguin et Dennery lui étaient adjoints pour l'aider dans ce service.

Le personnel de la mission se réunit à Alger dans la deuxième quinzaine d'octobre ; le colonel y trouva le Cheikh Abd el Hakem, son fils Entiti et Hamma ould Djabour, tous des Ifoghas, qui étaient venus au-devant de lui, accompagnés de Sghir ben Cheikh ; on fit visiter en détail la ville d'Alger aux Touareg puis on se mit en route vers le sud dans les derniers jours d'octobre.

Les membres de la mission arrivèrent à Laghouat vers le premier novembre, pendant que les approvisionnements étaient dirigés par convoi d'Alger sur Laghouat de la même façon que cela s'était fait pour la première expédition.

Dès son arrivée à Laghouat, le colonel constitua sa caravane en personnel et animaux ; les chameaux laissés à Laghouat au retour du premier voyage n'étant pas en nombre suffisant, il loua une partie des chameaux de la smala et on se mit en route sur Ouargla le 18 novembre.

On suivit l'itinéraire : Laghouat, Ksar el Hiran, Guerrara, Negoussa, Ouargla, lequel est sensiblement plus court que la route passant par le Mzab.

La mission était le 25 novembre à Guerrara et arrivait à Ouargla le 30, les animaux loués à Laghouat furent renvoyés le surlendemain dans cette dernière oasis et remplacés en partie par les chameaux qui avaient été confiés à Cheikh Ben Rabia ; un certain nombre d'animaux furent achetés pour compléter la caravane.

Pendant les 1er, 2 et 3 décembre on termina l'organisation de la caravane qui fût prête à partir en exploration le 4 décembre.

Comme nous l'avons dit la deuxième mission

comprenait 7 membres y compris le colonel; son personnel de service était composé : de 2 sous-officiers français, 2 français, Brame et Marjolet (1), 78 chameliers ou ordonnances indigènes dont 47 tirailleurs; les 31 autres hommes de service comprenaient d'anciens soldats et quelques Chaamba de la première mission.

Les guides étaient au nombre de 7 pris parmi les Chaamba, sauf toutefois le nommé Mohamed Ben el Hadj Radja qui était des Ouled Sidi Cheikh, enfin un mokaddem des Tedjania accompagnait la mission; l'ensemble du personnel comptait donc 97 personnes dont 11 français.

On emportait 4 mois de vivres et un équipage de 8 jours d'eau renfermée dans des guerbas goudronnées, récipients où l'eau se conserve mieux que dans les tonneaux (2).

Tout le personnel était monté, les français et les guides sur des méhara, tous les autres sur

---

(1) Brame, ordonnance du colonel avait fait le premier voyage, Marjolet, avait accompagné la première mission et avait dû rétrograder d'Ouargla sur Constantine à la suite d'une chute de cheval en mars 1880.

(2) Par contre les guerbas ont le grave inconvénient de perdre beaucoup par l'évaporation.

des chameaux de bât, le colonel emmenait 3 juments pour lui et Masson.

La caravane comptait 280 chameaux, elle était donc plus nombreuse que dans le premier voyage, mais tout le personnel était monté, avantage considérable qui devait permettre d'obtenir une marche plus régulière et plus rapide.

En résumé, cette organisation était très satisfaisante et, sous ce rapport, on peut dire que le colonel Flatters avait mis toutes les chances de succès de son côté.

Le 4 décembre la mission quitte Ouargla et va camper dans l'Oued Mya à 15 kilomètres au sud, elle doit suivre cette vallée pendant plusieurs jours de façon à contourner le massif de l'Erg et appuyer ensuite à l'est pour aller au Hoggar (1).

Le 5 décembre on campe à Hassi Bou Khenissa qui a de l'eau; les 6 et 7, les endroits où bivouaque la mission ne sont pas des points d'eau, ou les puits qui s'y trouvent sont morts.

---

(1) Le cheikh Abd el Hakem des Ifoghas a quitté la mission le 4 pour aller chez lui, au lac Menkhough ; son fils Entiti et Hamma ould Djabour doivent accompagner le colonel jusqu'à ce que la mission arrive au pays des Hoggars.

Le 8, on arrive à Hassi Djemel, puits profond (11ᵐ) qui a de l'eau en abondance, les chameaux sont abreuvés et l'équipage d'eau est rempli car les guides font prévoir une marche de 7 jours sans trouver d'eau.

La mission fait séjour à Hassi Djemel le 9 décembre et se remet en route le 10, elle suit toujours l'Oued Mya dont la vallée est bien marquée par une ligne de hauteurs qui en forme la berge occidentale, tandis que de l'autre côté cette vallée n'est pas limitée.

Le sol est le plus souvent du reg, parfois de la nebkat avec quelques dunes qui forment tantôt des chaînes tantôt des pitons isolés.

Le 12 décembre on atteint au Hassi Ben Abd el Kader le point à partir duquel l'Oued Mya, compris dès lors entre deux berges rocheuses assez élevées, présente l'aspect d'un lit de rivière bien délimité.

L'oued est encombré de nebkat et il est assez difficile à suivre, aussi la caravane passe-t-elle bientôt sur sa rive occidentale qu'on suit environ pendant 2 jours ; le 14, la mission passe à la dhayat Safsaf, point où se trouve un petit bois de trembles, qui est connu de tous les nomades sahariens comme une grande curiosité du désert. Le 14, on campe dans l'Oued Mya que la mission suit ensuite pendant 2 jours, elle arrive le 16 décembre à Hassi Inifel au confluent de l'Oued Mya et de l'Oued Insokki.

Le Hassi Inifel est aussi appelé Hassi Abd el Hakem, du nom d'un marabout des Ouled Sidi Cheikh qui est enterré à proximité, sous une koubba assez modeste. Ce puits qui a 6 mètres de profondeur donne de bonne eau, mais elle est peu abondante si bien qu'on ne peut abreuver tous les chameaux dans la journée du 16 décembre; aussi le colonel fait-il creuser un deuxième puits. La mission est obligée de séjourner en ce point les 17 et 18 décembre pour exécuter ce travail, faire boire les animaux et constituer la provision d'eau de l'équipage.

Le 19, la mission quitte Hassi Inifel pour suivre l'Oued Insokki; le colonel a renvoyé à Ouargla quelques cavaliers du makhzen que l'agha avait mis à sa disposition pour battre le pays, ces hommes emportent un courrier et emmènent une des trois juments que l'on a échangée contre trois méhara.

On relève au cours de cette étape les traces d'une troupe assez nombreuse de cavaliers à méhari; les guides assurent au colonel que ces cavaliers, qui seraient passés il y a quelques jours, conduisaient un certain nombre de chameaux de bât ; comme on ne voit pas de traces d'hommes à pied, il est bien probable qu'il s'agit d'une bande de coupeurs de route conduisant des chameaux dont ils se sont emparés.

Le 20, on campe à peu de distance du point appelé El Hachchana où il y a quelques palmiers, sur le bord d'une ghedir actuellement à sec.

Pendant la marche du 22 la mission rencontre une caravane qui va de Ghadamès à In Salah, elle compte une vingtaine de chameaux et 5 hommes, ce sont des ouled Ba Hamou d'In Salah. Ils apprennent au colonel qu'Ahitaghel était à In Salah il y a un ou deux mois avec 300 méhara et une très grosse caravane de chameaux de bât, le chef des Hoggars avait parlé de l'arrivée de la mission et semblait disposé à bien l'accueillir.

Dans la journée du 24 on laisse à l'ouest l'Oued Moussa ben Aïch, affluent important de l'Oued Insokki ; à peu de distance du confluent de ces deux oueds, la mission quitte la vallée de l'Oued Insokki pour suivre l'Oued Aghrid affluent de droite, de façon à éviter un fort détour que le premier décrit par l'ouest; on campe ce jour dans l'Oued Aghrid.

Le 25, la mission suit l'Oued Aghrid, puis elle quitte cet oued pour traverser le plateau rocheux qui le sépare de l'Oued Insokki, que l'on rejoint pour camper ce jour au Hassi Insokki, puits peu profond (2^m50) et qui donne une eau excellente en très grande quantité.

Depuis le 19, jour ou on a quitté Hassi Inifel, on n'a trouvé de l'eau qu'en très petite quantité dans quelques ghedirs aux trois-quarts desséchés, aussi fera-t-on un assez long séjour à Hassi Insokki pour abreuver les chameaux.

La mission séjourne, les 26 et 27 à Hassi Insokki; le 26 dans la soirée, arrivent au camp quelques cavaliers du makhzen d'Ouargla que l'agha avait envoyés pour reconnaître le pays du côté d'In Salah; ces hommes ne donnent aucun renseignement nouveau, le pays est désert à l'ouest.

Le colonel décide que ces cavaliers suivront la mission jusqu'à Hassi Mesegguem, où elle sera dans quelques jours et d'où il a l'intention d'envoyer un courrier.

Le 27, des gens des Zoua d'In Salah campés dans les environs, sont venus au camp et ont appris au colonel qu'Ahitaghel était encore à

In Salah et se préparait à retourner au Hoggar ;
en conséquence, le chef de la mission décide
que Cheikh ben Boudjemâa partira le jour même
pour In Salah afin de porter une lettre au chef
des Hoggars.

Le colonel informe Ahitaghel de son arrivée à
Insokki et le prévient qu'il va se porter au sud-
est dans la direction du Djebel Hoggar ; si
Ahitaghel a quitté In Salah, Cheikh se portera
sur ses traces de façon à le rejoindre le plus tôt
possible.

La mission quitte Insokki le 28 décembre et
rejoint la vallée de l'Oued Aghrid ; elle marche
tantôt dans cette vallée, tantôt sur le plateau en
suivant un medjebed très bien tracé, sorte de
route qui est très connue des sahariens sous le
nom de medjebed d'Ilgou.

Chef de la puissante tribu touatienne des
Zenata au XIIe siècle, Ilgou dirigea une expédition sur Ghadamès dont il s'empara et qu'il pilla ;
au retour de cette campagne, il rencontra vers
Tin Yagguin une forte colonne d'arabes hilla-
liens qui s'était mise en route à sa suite ; un
combat s'engagea en ce point et les Zenata furent
massacrés ainsi que leur chef. La route suivie
par cette expédition, route qui est encore très

fréquentée, a conservé le nom du malheureux Ilgou.

Le 28, la mission campe à l'est de l'Oued Aghrid au point appelé El Benia, où se trouve un redjem, sorte de cairn, qui est un des points de repère du medjebed.

Le 29, on suit toujours le medjebed d'Ilgou qui est très bien marqué ; l'itinéraire traverse une série de ravins dont la pente est au nord, ces ravins forment un réseau de gouttières dont l'ensemble a reçu le nom de Mader ; le pays figure un plateau pierreux, assez mouvementé et difficile.

On campe ce jour à quelques kilomètres au delà du Tilmas Sedra, puits peu profond qui renferme un peu d'eau ; les oueds du Mader ont une végétation assez abondante, on y voit beaucoup de gibier et surtout des gazelles en troupes nombreuses.

Le 30, la mission sort du Mader et s'engage dans la vallée de l'Oued Aoulouggui dont le medjebed, toujours assez net, suit le fond ; cette vallée est une sorte de gorge étroite comprise entre deux berges rocheuses élevées et à pic. On campe au point nommé Zeribet Ifoghas, où l'on voit quelques huttes en branchages qui ont servi récemment de campement à une fraction de Touareg Ifoghas.

La végétation est très belle tout le long de l'Oued Aoulouggui ; cette circonstance est très heureuse, car les chameaux ont beaucoup souffert entre Ouargla et Hassi Insokki et la mission en a perdu beaucoup ; ils pourront se refaire dans les beaux pâturages de cette vallée.

Le 31 décembre l'itinéraire suit toujours l'Oued Aoulouggui qui présente le même aspect, la vallée est souvent sablonneuse ; la mission campe à Hassi Aoulouggui, groupe de puits peu profonds (4ᵐ) dont deux ont de l'eau en petite quantité.

Dans la soirée, on aperçoit des feux vers l'ouest et on entend des coups de fusil, on redouble de surveillance pendant la nuit qui se passe sans incident.

Le 1ᵉʳ janvier, après avoir marché encore dans l'Oued Aoulouggui pendant 2 heures, la mission débouche dans la plaine de Mesegguem et vient camper auprès du Hassi Mesegguem qui est creusé à peu de distance d'une petite sebkhat.

Ce puits est à moitié comblé par le sable, sa profondeur totale qui est de 11 mètres est réduite à 5 mètres ; à proximité du puits est une koubba à ciel ouvert qui entoure le tombeau de Sidi el Hadj Merabet, des Zoua d'In Salah.

Dès l'arrivée à Mesegguem, le colonel fait déblayer le puits, travail qui est prolongé jusqu'au milieu de la nuit et est repris le 2 janvier dès le lever du soleil. Dans l'après-midi de ce jour, on arrive à la nappe aquifère qui paraît assez abondante, l'eau est saumâtre mais elle est meilleure que celle d'El Byodh.

Les chameaux sont très fatigués et la situation de la caravane laisse beaucoup à désirer ; aussi le chef de la mission décide-t-il que l'on séjournera plusieurs jours à Mesegguem où les pâturages sont bons.

Une caravane de 30 chameaux, conduite par 10 hommes des Ouled Ba Hamou, passe à Mesegguem ; elle va de Ghadamès à In Salah, où elle transporte des marchandises de toutes sortes, elle est suivie de quelques nègres esclaves. Cette caravane campe à proximité du puits et son chef, un marocain nommé Mouley Ahmed, vient rendre visite au colonel, à qui il donne quelques renseignements sur In Salah et sur son commerce. Naturellement c'est la marchandise noire qui est le principal élément de ce commerce, lequel a lieu surtout avec le Maroc et la Tripolitaine, pays où la traite des nègres se fait encore ouvertement.

La mission séjourne à Hassi Mesegguem les 3, 4, 5 et 6 janvier, il a fallu travailler au puits pendant 3 jours pour pouvoir abreuver les chameaux ; ils se remettent peu à peu de leurs fatigues, on les fait boire une deuxième fois le 5 et le 6, le débit du puits ne permettant pas de les abreuver en un jour.

Dans la journée du 4, il est venu au camp des gens des Zoua d'In Salah qui ont emmené quelques moutons, le colonel a pu ainsi procurer un peu de viande fraîche à son personnel.

Le Hassi Mesegguem est un des points principaux de la route de Ghadamès à In Salah, cette route a été suivie, en 1864, par le voyageur allemand Gérard Rholfs qui voyageait avec une caravane indigène en se faisant passer pour musulman.

CHAPITRE II

Hassi el Hadjadj. — Les monts Iraouen. — Amguid. — Réponse d'Ahitaghel. — L'Oued Tedjert. — Inziman Tikhsin.

De Hassi Insokki à Hassi Mesegguem, la mission a suivi une direction est-sud-est ; à partir de ce dernier point, elle marche au sud-est en suivant l'Oued Haddja, affluent de la Sebkhat de Mesegguem ; cet oued peu profond est marqué par une bande de végétation. L'itinéraire se dirige vers une gorge assez profonde par laquelle l'Oued Haddja sort de la Hamada de Tinghert, plateau rocheux assez élevé qui ressemble beaucoup au Tassili des Azgar ; on campe à l'entrée de cette gorge.

Le 8 janvier, la mission suit l'Oued Haddja
qui fait un coude brusque vers l'est et devient
une gorge assez resserrée, bordée de falaises
rocheuses de 60 à 80 mètres de hauteur, l'itinéraire monte en pente douce jusqu'à un col élevé,
l'Argoub es Séniat, qui forme un passage assez
difficile. De ce col on a une vue étendue sur la
Hamada de Tinghert qui paraît fort accidentée
de ce côté.

Au delà de l'Argoub es Séniat on suit la vallée
de l'Oued el Hadjadj, qui est un bas-fond de sol
reg, bordée au nord de gour formant une chaîne
discontinue; du côté sud, l'oued a une berge à
peine sensible, on campe dans cette vallée qui
a une très belle végétation.

Le lendemain, la marche continue dans la
vallée de l'Oued el Hadjadj qui présente toujours
le même aspect; un peu avant d'arriver à Hassi
el Hadjadj, gîte d'étape du 9 janvier, on laisse
au sud une série de gour élevées.

Le Hassi el Hadjadj est un puits de 2 mètres
de profondeur, très étroit et donnant peu d'eau;
il est probable que l'on mettra plus d'un jour
pour abreuver les chameaux, aussi le colonel
décide-t-il que l'on fera séjour en ce point le 10
janvier.

On voit à Hassi el Hadjadj un cimetière assez étendu, où reposent 15 indigènes qui auraient été tués par les Chaamba, il y a environ 60 ans, les malheureux faisaient partie d'une caravane qui se rendait en pèlerinage à la Mecque ; c'est en souvenir de ce fait que l'on a donné au puits le nom d'Hassi el Hadjadj (puits des pèlerins).

Dans la journée arrivent au camp trois nègres conduisant trois chameaux, l'un d'eux est Sliman, le gardien de la Zaouïa de Temassinin, avec lequel la première mission avait été en rapport en 1880 ; cet individu revient d'In Salah où il est allé faire ses provisions de l'année.

On a dû tirer l'eau du puits toute la journée et toute la nuit pour tâcher d'abreuver les chameaux, opération qui n'est terminée que dans la journée du 10. D'après les renseignements que le colonel a pu avoir de ses guides, il serait très difficile de marcher de Hassi el Hadjadj sur Khanguet el Hadid, point où la mission devait aller en quittant Mesegguem ; le reg d'Adjemor, qu'il faudrait traverser à cet effet, serait complètement dénué de végétation et impraticable à une caravane.

Dans ces conditions, il va falloir appuyer à l'est, et, comme le colonel a indiqué ce point de

Khanguet el Hadid à Cheikh ben Boudjemaâ et à Ahitaghel comme rendez-vous, il envoie Mohamed ben Radja et Hamma Ould Djabour de ce côté pour tâcher d'avoir des nouvelles de Cheikh et du chef des Hoggars. Arrivés à Khanguet el Hadid, ces deux hommes verront si Cheikh a laissé des traces de son passage et rejoindront la mission aussi vite que possible pour rendre compte ; ils ont d'excellents méhara et pourront être de retour dans 7 ou 8 jours au plus.

En quittant Hassi el Hadjadj la mission prend une direction sud en suivant l'Oued Hameïan, affluent de l'Oued el Hadjadj ; cet oued, d'abord bien marqué par deux lignes d'escarpements rocheux, s'élargit peu à peu et disparaît complètement dans une vaste plaine de reg où l'on voit quelques gour paraissant fort éloignées ; on campe à peu de distance au sud de l'Oglat Hameïan qui comporte trois puits à moitié comblés.

Le 12 janvier l'itinéraire suit une direction sud-est, sur un plateau pierreux généralement assez facile, sur lequel s'étend un réseau de ravinements peu profonds et marqués par une maigre végétation. A la fin de l'étape, on franchit une ligne d'escarpements rocheux peu élevés au pied desquels court du sud-ouest au nord-est un oued plus important, on campe dans cet oued à côté du Tilmas el Mra, puits à demi comblé; ce puits, profond de 2 mètres seulement, est dégagé et donne un peu d'eau, l'oued a d'excellents pâturages pour les chameaux.

Au delà de l'Oued Tilmas el Mra, la mission marche encore quelque temps sur le plateau et atteint, à peu de distance du camp du 12, le sommet d'escarpements élevés (150ᵐ) qui le limitent suivant une ligne sud-ouest, nord-est; au pied de ces escarpements, court parallèlement un large oued dit Oued Melah, qui va se jeter dans l'Igharghar à l'ouest de Timassinin. Les falaises qui terminent ainsi le plateau de Tinghert ne sont que le prolongement de celles que la première mission a franchies pour des cendre dans l'Oued Igharghar, le 28 mars 1880.

La descente dans l'Oued Melah est très difficile, elle s'effectue sans accidents; l'Oued Melah reçoit un grand nombre de petits affluents dans sa partie haute où la mission le traverse, sa vallée est bordée vers le sud-est de nombreuses gour assez élevées. L'oued est lui-même peu sensible et l'ensemble forme une sorte de chebkat peu mouvementée sur l'itinéraire suivi ; on campe le 13 janvier dans un des affluents de l'Oued Melah, le Chaabet el Arouï, qui a des pâturages à peu près suffisants pour les chameaux. Cet oued est bordé à l'est par un massif élevé appelé Gara Alba qui paraît très important.

Le lendemain la marche continue le long du Chaabet el Arouï qui est toujours peu profond, la région parcourue est une sorte de plaine de reg entrecoupée de parties rocheuses. Au bout de 4 heures de marche, on arrive au sommet d'escarpements élevés de 50 à 60 mètres pareils à ceux que l'on a franchis le 13, la mission se trouve à l'extrémité d'un plateau qui forme la deuxième assise du Tinghert ; au pied des escarpements s'ouvre une large vallée, l'Oued Iraouen, au delà duquel s'élèvent les pentes découpées du Djebel Iraouen.

Au point où la mission atteint ces escarpements, la descente n'est pas possible pour les chameaux et ce n'est qu'au bout d'une heure de recherches que l'on peut trouver un passage à peu près praticable ; le Chaambi Mohamed ben Belghit, qui guide la mission depuis le départ de Mohamed ben El Hadj Radja pour Khanguet

El Hadid, ne paraît pas connaître très bien cette région.

On campe ce jour-là dans une belle dhayat qui est un élargissement de l'Oued Iraouen, la végétation est très belle. On a vu beaucoup de gibier au cours de cette étape, des mouflons, des antilopes, des gazelles, les Chaamba ont tué deux mouflons ; il y a des traces d'autruches dans la dhayat.

Le 15 janvier, on remonte l'Oued Iraouen dans une plaine de reg qui s'étend jusqu'au pied du Djebel Iraouen, on voit deux magnifiques autruches au cours de la marche. Plus loin, l'Oued Iraouen pénètre dans la montagne, formant une gorge assez large et assez facile où la mission campe un peu, en aval du point où cet oued reçoit un affluent important nommé Oued Adjelman Arghem. Les crêtes de la montagne dominent le fond de la vallée de 150 à 200 mètres.

Dans la journée, Mohamed ben El Hadj Radja et Hamma Ould Djabour rejoignent la mission ; ils sont allés à Khanguet el Hadid où ils n'ont vu aucune trace du passage de Cheikh ben Boudjemâa, ils ont laissé un signal pour que Cheikh puisse savoir la direction suivie par la caravane.

D'après les renseignements que Mohamed donne au colonel, Khanguet el Hadid serait un défilé de 100 mètres de largeur compris entre des falaises abruptes de 200 mètres de haut, il s'y trouverait une source d'eau vive coulant sur toute la longueur du défilé qui serait de 2 kilomètres environ.

Le 16 janvier, la mission suit l'Oued Iraouen, puis l'Oued Adjelman Arghem qui monte doucement en se rétrécissant beaucoup, la gorge est souvent encombrée de débris rocheux qui rendent la marche difficile.

Dans l'après-midi, on met le camp dans l'oued à hauteur du point appelé Sobba, qui est situé à un kilomètre au nord de l'itinéraire suivi. On désigne ainsi une sorte de cirque rocheux formé de plateaux étagés qui donnent lieu à de belle cascades en temps de pluie, à chaque étage se trouve un réservoir rempli d'une eau excellente; le chemin qui conduit à la Sobba est très difficile et impraticable aux chameaux.

Le lendemain, on atteint à peu de distance du camp de la veille la tête de l'Oued Adjelman Arghem, qui est à l'entrée d'un col bas communiquant au sud-est avec l'Oued Igharghar; la mission appuie à l'est pour éviter un massif de dunes élevées, à travers lequel débouche par une coupure très nette l'Oued Gharis affluent de gauche de l'Igharghar; elle ne tarde pas à franchir cet oued qui est couvert d'une végétation magnifique, puis elle atteint l'Oued Igharghar. Celui-ci court du sud au nord au pied du Tassili des Azgars qui se termine de ce côté par des escarpements rocheux de 250 à 300 mètres de relief.

Au nord, du point où la mission campe dans cet oued, on voit l'entrée du Kheneg, large gorge dans laquelle passe l'Oued Igharghar entre le Tassili et le Djebel Iraouen, pour aller déboucher au nord dans la grande plaine de reg que la première mission a traversée à son retour.

Le 18 janvier, on remonte l'Oued Igharghar qui forme une large bande de végétation comprise entre le pied du Tassili et de hautes dunes en chaîne compacte; on laisse à l'est le débouché de l'Oued Tounnourt qui descend du Djebel Tahohaït, sommet principal du Tassili, situé à 3 ou 4 jours de marche à l'est. Cet oued se présente sous l'aspect d'une gorge étroite encombrée de dunes.

Dans l'après-midi, la mission campe à Amguid au débouché d'une gorge très étroite et encaissée entre des escarpements fort raides ; au fond de cette gorge, coule un filet d'eau excellente qui forme un petit lac où il y a du poisson.

Le colonel pensait trouver des campements hoggars en ce point, il y en a de nombreuses traces mais elles sont vieilles de plusieurs mois ; les guides chaamba prétendent ne pas connaître le pays au sud, quant aux Touareg Ifoghas qui marchent avec la mission, ils ne veulent pas aller chez les Hoggars.

Dans ces conditions, il est nécessaire d'attendre le retour de Cheikh ben Boudjemâa ; on s'arrêtera donc à Amguid pour attendre le retour de ce dernier et si, d'ici à 5 jours, il n'a pas rejoint la mission, on prendra à l'est par Tahohaït pour tourner le pays des Hoggars par le Tassili et Ghat.

En attendant, le colonel envoie Sghir ben Cheikh et Entiti Ould Abd el Hakem à Tahohaït pour avoir des guides azgars ; si dans quelques jours la situation venait à se modifier, il en préviendrait Entiti ; il garde à cet effet l'Ifoghas Hamma ould Djabour qu'il lui enverra dans le cas où la mission pourrait continuer sa marche au sud.

Le 19 janvier, on n'a aucune nouvelle de Cheikh

ben Boudjemaâ ; le colonel décide qu'il partira le 20 en reconnaissance vers le sud en compagnie des deux ingénieurs ; cette reconnaissance comprendra un guide, 4 chameliers et quelques chameaux, formant un petit convoi sous le commandement du maréchal des logis Pobéguin.

Le colonel, laissant le commandement de la mission au capitaine Masson, quitte le camp d'Amguid le 20 dans la matinée ; la reconnaissance suit le pied du Tassili qui s'élève beaucoup au fur et à mesure que l'on avance vers le sud. A 10 kilomètres d'Amguid, on reconnaît une petite source appelée Tinesel Maken (1), auprès de laquelle sont quelques figuiers et palmiers et les ruines d'une petite maison ; à 20 kilomètres d'Amguid, le Tassili se termine par un contrefort très abrupt et qui n'a pas moins de 7 à 800 mètres de relief.

Au sud de ce contrefort, le Tassili se prolonge par une chaîne de roches granitiques moins élevée mais très découpée, au sud de laquelle l'Oued Tedjert, affluent de droite de l'Igharghar,

_____

(1) Cette source est ainsi appelée Aïn el Kerma par les Chaamba.

débouche dans une gorge encombrée de dunes ; le colonel bivouaque dans l'après-midi au point nommé Azurahren à peu de distance au nord-est du confluent de l'Oued Tedjert et de l'Igharghar.

Le 21 janvier, la reconnaissance quitte Azurahren et passe au confluent des deux oueds où se trouve un grand ghedir plein d'eau au milieu d'une très belle végétation ; c'est le point appélé Aguellach, mot tamachek (1), synonime du mot arabe dhayat ; toute cette partie de l'Igharghar est très boisée et porte le nom d'Iguellachen, pluriel d'Aguellach ; on campe à côté du ghedir d'Aguellach.

Le lendemain, le colonel, les deux ingénieurs et le guide se portent rapidement au sud, marchant sur le Khanfousa, piton rocheux isolé dans la grande plaine de reg qui est à l'ouest de l'Igharghar ; le maréchal des logis Pobéguin, avec le reste de la reconnaissance, suit le colonel pour gagner quelques kilomètres dans le sud.

Le point extrême atteint par les trois explorateurs est situé à 10 kilomètres au nord du Khanfousa et à 65 kilomètres au sud d'Amguid, soit

_____

(1) Le tamachek est la langue parlée par les Touareg, langue qui ressemble beaucoup à celle que parlent les Kabyles.

environ par 25° 40' de latitude nord ; de ce point, qui est situé dans la plaine de reg séparant le Djebel Hoggar du Djebel Mouïdir, on aperçoit distinctement à l'ouest les contreforts orientaux de cette dernière montagne qui sont à 40 kilomètres environ de ce côté.

Au sud le Djebel Oudan dresse vers le ciel sa cime aiguë qui paraît avoir un relief d'au moins 1,500 mètres ; ce pic est à une distance de 60 kilomètres environ. Vers l'est, le massif de l'Eguéré se présente sous la forme d'une chaîne épaisse qui paraît excessivement tourmentée ; des sommets assez élevés dominent le massif qui ne ressemble en rien au plateau que l'on supposait exister de ce côté sur la foi de renseignements indigènes.

Dans la journée du 21, le colonel rejoint le maréchal des logis qui est campé dans l'Oued Igharghar ; pendant son absence, Cheikh ben Boudjemâa est arrivé accompagné d'un Targui qui lui a servi de guide, il vient d'Amguid où il a vu le capitaine Masson qui lui a indiqué la direction prise par le colonel.

Cheikh est porteur d'une lettre d'Ahitaghel, par laquelle le chef des Hoggars informe le chef de la mission qu'il lui envoie Chikat ben Hanfou des Oulad Messaoud son proche parent et deux guides, qui conduiront la mission jusqu'à Hassiou point qui marque la limite sud de son territoire.

D'après les renseignements donnés par Cheikh ben Boudjemaâ, Chikat serait campé dans l'Oued Gharis à deux jours de marche dans l'ouest, où il attendrait des nouvelles de la mission qu'il ne savait pas de ce côté.

Le colonel envoie le Targui à Chikat pour lui indiquer où se trouve la mission, il envoie en même temps son guide au capitaine Masson pour lui prescrire de venir le rejoindre au confluent de l'Oued Tedjert et de l'Oued Igharghar où il ira bivouaquer le 22.

Le 24, toute la mission est réunie à Aguellach ; le lendemain arrive Chikat ben Hanfou, accompagné de quelques Touareg Hoggars ; cet homme est très vieux, il semble bien disposé et assure qu'Ahitaghel tiendra la promesse qu'il a faite au colonel.

Le chef de la mission envoie à Entiti ould Abd el Hakem le Targui Hamma ould Djabour, avec des cadeaux et une lettre pour El Hadj Ikhenoukhen, grand chef des Azgars, par laquelle il lui promet d'aller le voir à Ghat au retour du voyage.

Le colonel a demandé à Cheikh ben Boudjemâa des renseignements au sujet de son voyage et de ses relations avec Ahitaghel ; parti d'Insokki le 27 décembre, en compagnie du Chaambi Ali ben Mahtallah, Cheikh marcha sur In Salah où il arriva le 31 décembre. Ahitaghel avait quitté le Tidikelt (1) depuis plusieurs jours pour marcher sur le Hoggar, Cheikh et son compagnon se lancèrent sur les traces du chef des Hoggars et le rejoignirent sur l'Oued Menyet, le 5 janvier.

Cheikh remit la lettre du colonel à Ahitaghel ainsi que les cadeaux que le chef de la mission lui avait confiés, et lui dit que le colonel désirait beaucoup le voir. Le chef des Hoggars répondit qu'il ne pouvait s'absenter et ajouta qu'il enverrait son beau-frère Chikat, chef des Ouled Messaoud.

Pendant huit jours Ahitaghel conserva avec lui les envoyés du colonel ; ce ne fut donc que le 13 janvier que Cheikh ben Boudjemâa et Ali ben Mahtallah, accompagnés de Chikat et des deux

---

(1) Le Tidikelt est un groupe d'oasis dont In Salah est en quelque sorte la capitale ; In Salah désigne un groupe de ksour dont Ksar el Arab est le principal.

Touareg Ahamed et El Alem, quittèrent le chef des Hoggars pour se mettre à la recherche de la mission. Ils se portèrent sur l'Oued Gharis où ils pensaient qu'elle se trouvait à ce moment et l'y attendirent trois jours, au bout desquels Cheikh se rendit avec Ahamed à Khanguet el Hadid; il ne vit pas le signal laissé par Mohamed ben El Hadj Radja et revint à l'Oued Gharis où Chikat et Ali ben Mahtallah l'attendaient. El Alem et Ahamed, las de cette attente, rentrèrent dans leurs campements; le dernier remit à Cheikh la lettre qu'Ahitaghel l'avait chargé de remettre au colonel; c'était le 19 janvier. Chikat consentit à attendre encore quelques jours sur l'Oued Gharis et indiqua à Cheikh la direction d'Amguid comme étant celle où il avait le plus de chances de trouver la mission. Cheikh et Ali se portèrent dans cette direction aussi vite que l'état de leurs méhara, très fatigués, le leur permettait; le 20, ils rencontrèrent des gens d'In Salah qui faisaient paître leurs chameaux dans l'Oued Gharis et ne purent leur indiquer où était la mission.

Un de ces hommes, Targui, nommé Mohamed ould Moumen, lui proposa de le conduire à Amguid, proposition que Cheikh accepta; Ali et deux compagnons de Mohamed se portèrent sur le point où se trouvait Chikat pour lui demander d'attendre encore quelques jours.

Nous avons vu comment Cheikh rejoignit le colonel Flatters sur l'Igharghar, le 22 janvier et lui remit la lettre d'Ahitaghel, laquelle était conçue en termes que le colonel trouva très satisfaisants.

Chikat et Mohamed ould Moumen, que le chef de la mission garda comme guide en attendant l'arrivée de ceux qu'Ahitaghel devait lui envoyer, conduisirent la mission à partir du 25 janvier, jour où elle est réunie en entier à Aguellach.

Un courrier venu d'Ouargla est arrivé à Amguid avant que Masson ait quitté ce point, le colonel a décidé qu'il suivrait la mission quelques jours avant de retourner à Ouargla.

Le 26, la mission quitte Aguellach et prend la direction de l'est suivant l'Oued Tedjert, gorge étroite comprise entre des hauteurs rocheuses ayant un relief de 5 à 600 mètres. Le pays est très montagneux et très tourmenté, on campe ce jour à Agzel, point où se trouve un ghedir plein d'eau.

Le 27, on suit pendant quelques kilomètres l'Oued Tedjert qui a toujours une direction ouest-est, puis on le quitte pour prendre une direction sud-est dans une région coupée de ravins et assez difficile, on laisse à l'est plusieurs pics élevés ayant un relief d'au moins 500 mètres.

Vers le sud, on aperçoit un massif important, le Tihin-Ahaggar que domine un piton très haut, ressemblant beaucoup au Djebel Oudan ; ce piton, qui est moins élevé que ce dernier, s'appelle Toufrigh.

La mission campe dans l'Oued Ahadjeri affluent de gauche de l'Oued Tedjert ; le 28, on suit l'Oued Ahadjeri qui a une direction nord-sud, puis l'itinéraire franchit un col et débouche dans la vallée de l'Oued Alouhad, affluent de l'Oued Tedjert à l'embouchure duquel la mission a campé le 26.

L'Oued Alouhad est tantôt large tantôt très étroit, il est bordé de berges peu élevées mais très abruptes formées de lave et de basalte. D'ailleurs, une grande partie du massif de l'Eguéré est formé de roches volcaniques, produits d'éruptions très anciennes dont les traces se voient de tous côtés.

La plupart des oueds sont des vallées d'érosions creusées à travers d'énormes coulées de lave ou de basalte, qui se présentent parfois en colonnes prismatiques.

On campe ce jour dans l'Oued Alouhad; le lendemain la mission suit toujours cet oued, marchant au sud-est; elle campe, après deux heures de marche, en un endroit où on trouve de l'eau en abondance à 30 centimètres sous le sable, ce point est appelé Inziman Tikhsin.

Dans la soirée du 29, le colonel renvoie, en Algérie, le Chaambi qui lui a apporté le courrier reçu à Amguid, cet homme est Kaddour ben Mouïssat, qui a servi de guide au cours de la première mission (1).

---

(1) A partir du 29 janvier, on n'a plus eu de nouvelles directes du colonel Flatters, la suite du voyage a été racontée par les indigènes qui ont échappé au massacre de Bir el Gharama.

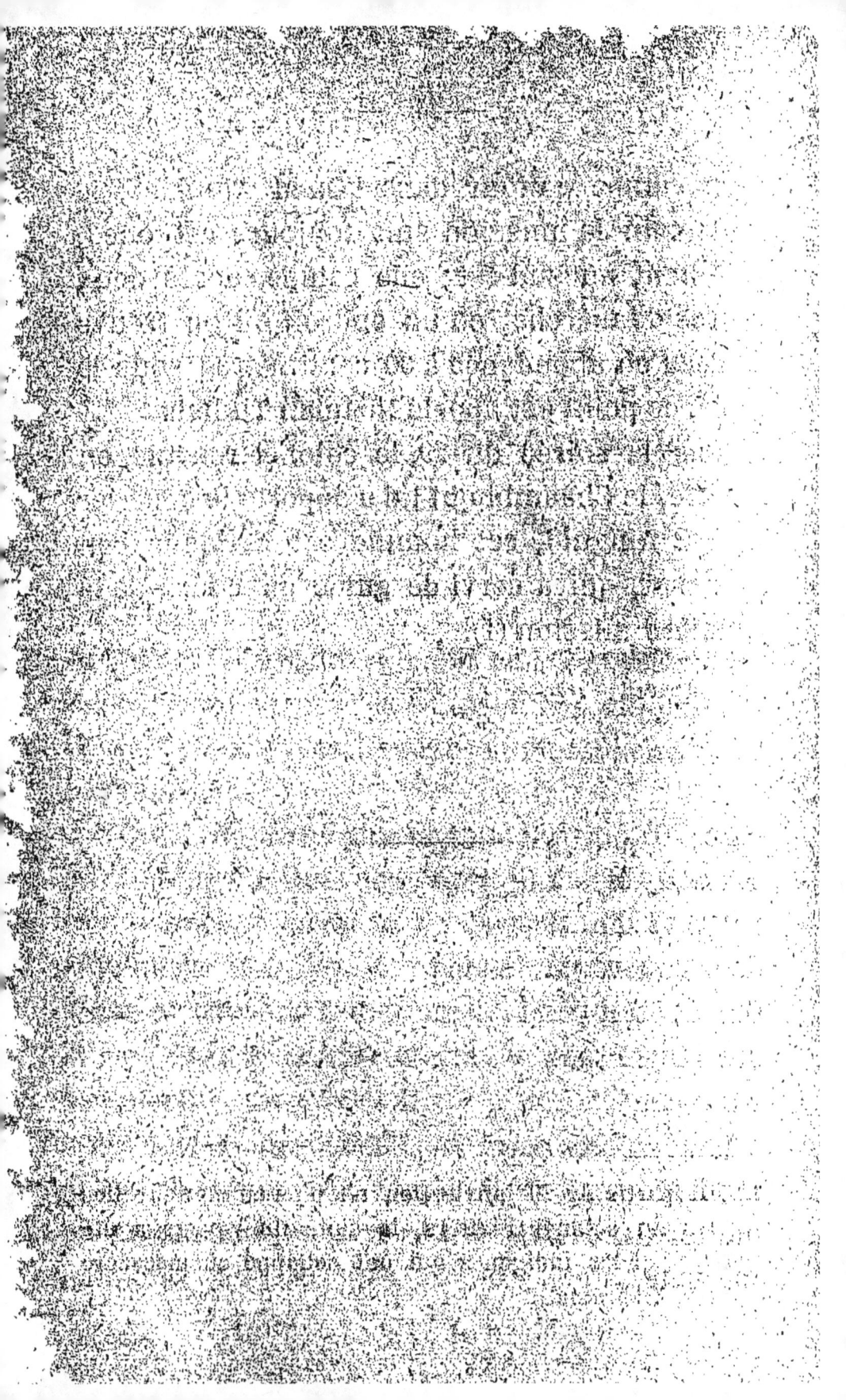

CHAPITRE III

Dans la plaine d'Amadghor. — La Sebkhat. — Temassint. —
Le miaad des Hoggars. — Guet-apens de Bir el Gharama.

———

Le 30 janvier, la mission quittait Inziman
Tikhsin et se portait au sud-ouest vers la
Sebkhat d'Amadghor; elle était guidée par les
deux Touareg Mohamed ould Moumen et Ahamed.
Chikat était parti ce jour pour rejoindre sa tente
sur l'Oued Gharis, le colonel lui avait remis de
très beaux cadeaux pour lui et pour Ahitaghel.
Les étapes des 30 et 31 se font dans la région
montagneuse où l'on marche depuis qu'on a
quitté l'Oued Igharghar, les points où campe la
mission ont de l'eau.

Le 1ᵉʳ février, on entre dans la plaine d'Amadghor, vaste désert pierreux et sablonneux qui sépare le Djebel Hoggar des montagnes des Azgars; le sol est généralement du reg, il est peu mouvementé, quoique la mission rencontre quelques ravins descendant des montagnes qu'on laisse à l'ouest.

La mission campe ce jour dans une dhayat isolée après une étape très longue; elle doit atteindre demain la sebkhat d'Amadghor, célèbre saline qui a été pendant des siècles l'objet d'une exploitation très active. Cette saline a été abandonnée depuis que le commerce par caravanes a presque complètement cessé entre l'Algérie et le Soudan.

Le 2 février, malgré une forte marche, on n'atteint pas cette sebkhat, les guides touareg informent le colonel qu'ils ne se retrouvent pas très bien, n'étant pas venus de ce côté depuis longtemps; ils partent en reconnaissance dans la soirée et rentrent au camp pendant la nuit, apportant du sel de la sebkhat qui serait à deux ou trois heures de marche du camp du 2 février.

Le 3, le colonel, suivi de tous les membres de la mission, quitte la caravane qu'il laisse sous la direction du maréchal des logis Pobéguin, et, conduit par Mohamed ould Moumen, se dirige vers la sebkhat.

Celle-ci est un gîte de sel gemme situé au fond d'une vaste cuvette de 2 à 3 kilomètres de diamètre ; des traces d'exploitation consistant en puisards larges et profonds, permettent de voir la roche saline qui est en bancs épais.

Il existe à proximité un cimetière musulman très étendu ; le medjebed qui passe le long de la sebkhat, quoique très peu fréquenté depuis bien des années, ressemble à une véritable route. On campe dans la plaine sans eau, mais au milieu de bons pâturages pour les chameaux ; la température est très élevée pendant le jour et la provision d'eau diminue sensiblement par l'évaporation.

Les 4, 5 et 6 on marche à longues étapes dans la plaine qui devient peu à peu sablonneuse, on longe une chaîne de hauteurs rocheuses que l'itinéraire suivi laisse à l'est.

Les guides touareg avaient assuré le 4 que la mission atteindrait un point d'eau le 5, assurance qui ne se réalise pas ; quand on se met en route le 6, la provision d'eau est complètement épuisée et cette étape se fait dans des conditions très pénibles. La caravane marche disséminée sur un très grand espace ; le colonel est parti en avant avec les guides portant des guerbas, de façon à envoyer de l'eau aux chameliers qui sont exténués, les chameaux sont d'ailleurs très fatigués et marchent avec peine (1).

Le 6, on campe dans un oued à proximité de ghedirs qui ont de l'eau en assez grande quantité, les pâturages sont très beaux dans cet oued qui est bordé de grands arbres ; aussi le colonel décide-t-il que la mission y séjournera le temps nécessaire pour refaire les chameaux qui sont en très mauvais état.

Le 8 février, arrive au camp le chaambi Sghir ben Cheikh, que le colonel avait envoyé d'Amguid

---

(1) On ne peut s'empêcher d'être étonné de la rapidité avec laquelle l'approvisionnement d'eau de la mission a disparu pendant cette marche dans la plaine d'Amadghor ; la mission aurait quittée son camp du 31 janvier avec 8 jours d'eau et son équipage était vide le 5 ; les pertes par évaporation ou par suite d'accidents auraient donc été de 3 jours d'eau soit des 3/8 ; ce fait prouverait que le colonel Flatters avait été bien mal inspiré en composant son équipage de guerbas et en renonçant à l'emploi des tonnelets qui avaient donné de bien meilleurs résultats au cours du premier voyage.

D'Aïn el Taïba à El Byodh la mission avait fait 5 jours de marche sans trouver d'eau, et, quand elle arriva à El Byodh, il lui restait encore de l'eau pour 2 jours environ.

à Tahohaït avec Entiti ould Abd el Hakem, pour demander des guides aux Azgars, il est accompagné de deux Touareg Hoggars qu'il prétend avoir rencontrés à Tahohaït.

Le retour de Sghir, qui a adopté le costume targui, semble très louche au colonel qui lui demande pourquoi il est venu rejoindre la caravane. Le Chaambi répond qu'il a tenu à venir retrouver le colonel pour lui rendre compte de la mission qu'il lui avait confiée à Amguid; quoiqu'il en soit, Sghir et ses deux compagnons Khebbi et Baba se joignent à la caravane.

On voit un certain nombre de chameaux au pâturage près du camp; le chef de la mission cherche à en acheter aux bergers touareg qui les gardent, mais il est obligé de renoncer à ce projet en raison du prix exagéré qu'on lui en demande.

Le 9 février, la mission reprend sa marche; l'itinéraire suit le pied des hauteurs contre lesquelles on a campé le 8; le sol est pierreux, raviné en beaucoup de points et assez difficile, on campe dans un oued bien boisé.

Dans la journée trois Touareg viennent au camp, l'un d'eux est frère de Khebbi, l'un des compagnons de Sghir; le colonel reçoit ces indi-

vidus et leur achète un méhari, très cher naturellement; Khebbi quitte le camp dans la soirée
accompagné de son frère, il doit rejoindre la
caravane le lendemain.

Dans la nuit, deux méhara disparaissent; les
renseignements que l'on peut se procurer au
sujet de cet incident, prouvent d'une façon à peu
près certaine que ces animaux ont été volés par
Khebbi et son frère.

Le 10 février, on marche dans une région mouvementée et coupée d'oueds nombreux avec
beaucoup de végétation; on campe dans une
large vallée où se trouve un puits peu profond
qui contient de l'eau excellente, ce point est
appelé Témassint.

Au moment où le camp s'installe arrive un
Targui monté sur un petit cheval, cet individu
appelé El Alem, est un des guides qu'Ahitaghel
avait envoyé le 13 janvier au colonel, avec Cheikh
ben Boudjemâa et Chikat ben Hanfou. El Alem
annonce au chef de la mission que le miaad (1)
des Hoggars se présentera sous peu; cet individu après être resté une heure au camp,
retourne à sa tente qui est proche; il part accom-

(1) Miaad : députation, ambassade.

pagné de trois Chaamba qui doivent ramener des moutons que ce Targui a proposé de vendre à la mission, tous quatre rentrent dans la nuit, amenant 8 moutons et 7 chèvres.

La mission séjourne le 11 février à Témassint; le colonel cherche à s'entendre avec El Alem au sujet du prix de ses services, ce Targui demande 2,500 francs pour conduire la mission au Soudan, somme qu'il voudrait toucher avant de se mettre en route. Le colonel ne veut pas le payer d'avance; il finit par le décider à accepter 1,000 francs d'arrhes, le surplus lui sera donné à l'arrivée au Soudan.

Le guide demande alors au chef de la mission de le laisser retourner à sa tente pour mettre cet argent en lieu sûr, le colonel l'y autorise et le fait accompagner par Sghir ben Cheikh.

Dans l'après-midi le miaad arrive au camp, il comprend 30 cavaliers à méhari appartenant à diverses fractions des Hoggars; les personnages les plus marquants de cette députation sont : Engadi, chef d'Idelès (1) et cousin germain d'Ahitaghel à qui il est appelé à succéder comme

(1) Idelès est un petit ksar situé au centre du Djebel Hoggar sur l'Oued Igharghar qui coule toute l'année en amont de ce point.

amenokhal des Hoggars, et Tissi, fils de Chikat ben Hanfou, que le chef des Hoggars avait envoyé au-devant de la mission à Aguellach.

Tissi adresse au colonel un discours conçu en termes très engageants, il lui propose de le conduire à Idelès et lui promet d'ailleurs de le laisser visiter leur pays comme il le désirera.

Le chef de la mission remercie Tissi de sa bonne volonté, mais il lui dit qu'il doit aller au Soudan et qu'il ne peut se détourner de la route qui conduit dans ce pays, il manifeste son étonnement de ne pas voir Ahitaghel; Tissi répond que ce dernier est revenu très fatigué de son voyage à In Salah et que, sans cette circonstance, il serait certainement venu à la rencontre de la mission. Comme cela s'est passé au cours de la première mission, on donne au miaad la plus large hospitalité; les Touareg visitent le camp en détail et font preuve d'une extrême curiosité.

Ils sont particulièrement frappés à la vue des deux juments; le colonel en fait seller une et le capitaine Masson donne aux Touaregs une petite séance d'équitation. Tissi demande au chef de la mission de lui faire cadeau d'une des juments,

le colonel lui promet de la lui envoyer par El
Alem dès qu'il sera arrivé au Soudan.

Le 12, la mission séjourne encore à Témassint,
le colonel distribue des cadeaux aux membres
du miaad et, comme toujours, il se montre fort
généreux sans pouvoir contenter ses visiteurs
qui sont insatiables ; il se produit même une
dispute assez vive entre Tissi et un autre chef
hoggar nommé Mohamed, qui prétend avoir
reçu de moins beaux présents que son collègue.
Le chef de la mission perd alors patience et
déclare vivement aux Touareg qu'il est las de
leurs exigences auxquelles il n'accordera plus
rien à l'avenir.

Le miaad quitte le camp de la mission dans
la soirée ainsi qu'Ahamed et les Touareg qui
étaient venus précédemment ; il ne reste plus
avec la mission que Khebbi et Mohamed ould
Moumen qui continueront à lui servir de guides.

Après le départ de ces gens on constate la disparition de deux méhara ; un chamelier envoyé
à leur recherche les trouve attachés à une
certaine distance du camp ; pendant qu'il les
ramène, il est attaqué par un Targui qui cherche
à lui reprendre ces animaux, le chamelier est
obligé de tirer un coup de revolver sur cet indi-

vidu pour s'en débarrasser. On a vu un groupe de 15 cavaliers à méhari à une certaine distance du camp, cette troupe paraissait se dissimuler avec beaucoup de soin ; le colonel, à qui on a signalé tous ces faits, ne semble pas y attacher grande importance, de façon à ne pas frapper le moral de son personnel indigène qui n'est pas très bon depuis quelque temps.

Le 13 février, la mission reprend sa marche au sud ; le pays devient de plus en plus accidenté, c'est un réseau très compliqué de ravins circulant entre des hauteurs rocheuses élevées, très rapprochées les unes des autres, et où la marche est des plus difficiles ; on campe dans un oued couvert d'une magnifique végétation.

El Alem et Sghir rejoignent la mission à son bivouac, ils sont accompagnés de deux Touareg qui apportent au colonel une lettre émanent de la djemaâ des Hoggars ; Tissi ould Chikat qui est un des signataires de cette lettre, demande d'une façon particulière au chef de la mission de lui envoyer par l'un des Touareg la jument qu'il lui a promise ; l'autre Targui, qui se nomme Ahitaghel, comme le chef des Hoggars, doit servir de guide dans les mêmes conditions qu'El Alem.

Dans la soirée, Sghir ben Cheikh réunit les Chaamba qui marchent avec la mission et leur conseille de quitter celle-ci pour rentrer dans leur pays ; comme il ne parvient pas à les convaincre, il va trouver le colonel et lui demande l'autorisation de retourner chez lui, sous prétexte qu'en raison de faits de guerre passés, il risquerait sa vie en allant au Soudan.

Le colonel refuse cette autorisation, il ajoute qu'aussitôt la mission arrivée à Hassiou (1), les Chaamba seront libres de retourner en Algérie. A la suite de cet incident, Cheikh ben Boudjemâa serait allé trouver le colonel, et l'aurait engagé à se méfier de Sghir dont les allures lui paraissent tout à fait louches depuis qu'il a rejoint la mission.

Le colonel est très frappé de toutes ces complications qui l'inquiètent vivement, il donne les ordres les plus sévères pour que le service de garde soit fait pendant la nuit avec la plus grande vigilance.

Le 14 février, avant le départ, le chef de la mission a un long entretien avec Sghir ben

---

(1) Hassiou est un groupe de puits qui marque la limite méridionale du pays des Hoggars.

Cheikh ; il renvoie le Targui qui a apporté la lettre des Hoggars, cet homme emporte une lettre par laquelle le colonel informe Tissi qu'il lui enverra la jument qu'il lui a promise, dès son arrivée à Hassiou.

On marche ce jour dans une région pareille à celle d'hier, toujours très mouvementée et coupée de nombreux oueds sablonneux et bien boisés ; on campe dans un de ceux-ci qui est compris entre des montagnes escarpées et très élevées.

Les plus grandes précautions sont prises pour assurer la sécurité du camp, le colonel paraît craindre d'être attaqué pendant la nuit.

Le 15 février, le pays où l'on marche est moins accidenté et moins difficile, la mission campe dans une dhayat sablonneuse où les tamarix et les gommiers forment un véritable bois. Au cours de l'étape deux Touareg montés à méhari viennent trouver le colonel et lui proposent de lui vendre des moutons ; ces deux individus passent la nuit au camp avec les guides touareg et Sghir ben Cheikh, qui vit avec eux depuis le 13 février.

Le 16 février, les Touareg arrivés en dernier lieu quittent la mission dès le matin, en disant qu'ils amèneront des moutons à la prochaine étape ; l'itinéraire suivi appuie au sud-est et s'éloigne des montagnes, pour s'engager dans une grande plaine de reg légèrement sablonneuse.

Vers 10 heures du matin, les guides touareg informent le colonel qu'ils se sont trompés, et que le puits où la mission devait camper ce jour, est à une certaine distance vers le nord-ouest dans la montagne ; ils ajoutent qu'il est inutile de retourner en arrière, d'autant plus que le terrain est plus commode pour bivouaquer là où se trouve la caravane.

Le chef de la mission, dont la méfiance est en éveil depuis quelques jours, paraît peu disposé à agir d'après les conseils de ses guides ; cependant, de peur d'effrayer le personnel indigène de la caravane, il se décide à faire établir le camp.

Dès que les chameaux sont déchargés, le colonel, accompagné du capitaine Masson, tous deux à cheval, et de MM. Béringer, Roche et Guiard à méhari, se dirige vers le puits sous la conduite des trois guides touareg et de Sghir qui ne les quitte pas ; une partie des chameaux conduits par un certain nombre de sokhars suit

le colonel. Il ne reste au camp que le lieutenant de Dianous, M. Santin et les deux maréchaux des logis ; Dennery doit amener au puits
le reste des chameaux aussitôt que le camp sera
complètement installé.

Le chemin qui conduit au puits devient peu
à peu très difficile, si bien que l'on n'y peut marcher qu'un par un ; le colonel, impatienté et un
peu inquiet, demande à plusieurs reprises à ses
guides si on va bientôt atteindre le puits ; on
lui répond qu'on en est tout près. Le Chaambi
Cheikh ben Boudjemâa, qui a rejoint le chef de
la mission près duquel il marche, l'avertit du
danger qu'il court en s'éloignant ainsi de son
camp ; le colonel accepte très mal ses observations, bien qu'il les réitère en insistant beaucoup.

Enfin, on arrive au puits qui est à trois heures
de marche au moins du point où on a bivouaqué ;
ce puits, appelé Bir el Gharama, est au milieu
d'une large vallée très encaissée et bordée d'escarpements rocheux fort élevés, il est entouré
de grands tamarix qui forment une sorte de
bois.

Le colonel et les membres de la mission
mettent pied à terre près du puits, qui doit être

curé car il est encombré d'une foule de détritus ; les quelques sokhars qui sont déjà arrivés se mettent de suite à cette besogne, abandonnant les chameaux qui attendent autour du puits. Les guides touareg El Alem et Ahitaghel tiennent les juments et se placent à l'écart à une centaine de mètres, le colonel et Masson dirigent le curage, les autres membres de la mission s'écartent dans diverses directions.

A ce moment, de grands cris se font entendre vers le nord et une troupe de Touareg à méhari s'avance au galop vers le puits ; le Targui Ahitaghel, qui est à côté de Béringer, lui porte un coup de sabre en plein corps et s'enfuit sur son méhari vers les Touareg, Khebbi et El Alem ont enfourché les deux juments et vont du même côté, Sghir ben Cheikh les suit. En un instant, après une courte résistance, le colonel, le capitaine Masson, Roche et le docteur Guiard sont massacrés ainsi que quelque sokhars, le Chaambi Cheikh ben Boudjemâa tire un coup de fusil et s'enfuit.

L'attaque a été si brusque, que les quelques sokhars présents au puits n'ont même pas songé à se défendre, ces hommes se sont enfuis dans la direction du camp ; ils ne tardent pas d'ailleurs à être rejoints par les Touareg et à être tués pour la plupart. A ce moment arrive le maréchal des logis Dennery avec une partie de la caravane et 4 ou 5 sokhars ; attaqué par les Touareg au moment où il débouchait dans la vallée, ce petit groupe fut massacré après une courte résistance.

Les autres fractions de la caravane, qui ont entendu les coups de fusils, s'avancent prudemment et ne tardent pas à se rendre compte de la situation ; les chameliers se réunissent alors au nombre de 22 et essayent de battre en retraite avec les chameaux sur le camp.

Les Touareg, voyant ce mouvement, se partagent en deux groupes qui passent à droite et à gauche des chameliers, de façon à leur couper la route du camp ; un combat assez vif s'engage et les Touareg perdent plusieurs des leurs et beaucoup de méhara.

Ils mettent alors pied à terre et, profitant des accidents du terrain, ils cherchent à s'approcher des chameliers, afin de pouvoir faire usage de leurs armes ; tant que ceux-ci eurent des munitions, les Touareg ne purent pas gagner beaucoup de terrain, mais les cartouches vinrent bientôt à manquer, car les hommes en portaient généralement très peu sur eux; de plus, les chameaux effrayés et ayant d'ailleurs senti l'eau, s'étaient échappés vers l'oued.

En peu de temps 10 hommes tombent sous les balles des Touareg; les 12 chameliers restant, qui étaient alors entourés de plusieurs centaines d'ennemis, font un feu de salve sur ceux-ci, et profitent du désordre qui en résulte pour s'enfuir vers le camp où ils ne purent rentrer qu'à la nuit.

Pendant que ces faits se passaient autour de Bir el Gharama, divers incidents se produisaient au camp de la mission, incidents qu'il est utile de signaler, car ils permettent de faire le jour sur ces tristes événements. Comme on l'a vu plus haut, les guides touareg, Sghir ben Cheikh et Cheikh ben Boudjemâa, avaient suivi le colonel au puits; les autres guides chaamba, Mohamed ben Belghit, Ali ben Mahtallah et El Ala ben Cheikh, quittèrent le camp peu de temps après les chameaux conduits par Dennerey, et prirent une direction un peu différente de celle que celui-ci avait suivie.

Ces hommes avaient d'ailleurs emporté tout ce qui leur appartenait, on s'aperçut même plus tard, fait qui sur le moment n'avait pas attiré l'attention, qu'Ali ben Mahtallah avait pris dans les effets du mokaddem tedjini un paquet appartenant à Cheikh ben Boudjemâa. Il est permis de conclure de tous ces faits que, sauf peut-être ce dernier, les guides chaamba étaient au courant des projets des Touareg Hoggars.

Quoiqu'il en soit, dans le courant de l'après-midi, un tirailleur arriva au camp hors d'haleine et rendit compte au lieutenant de Dianous des événements qui venaient de se passer à Bir el Gharama ; on ne voulut d'abord pas le croire, mais d'autres hommes arrivant successivement confirmèrent la triste nouvelle, qui produisit une terrible impression sur cette poignée d'hommes perdue au fond du désert.

Le lieutenant de Dianous, craignant d'être attaqué par les Touareg, fit abattre les tentes et entourer le camp d'une sorte de retranchement formé des bagages de la mission, puis, comme aucun ennemi ne se montrait, il résolut de se porter en reconnaissance du côté du puits.

Il prit 20 hommes avec lui et arriva en vue de Bir el Gharama, un peu avant le coucher du soleil ; les Touareg s'étaient massés sur un mamelon à une certaine distance du puits, les chameaux de la mission étaient restés dans la vallée. Dès qu'il se fut rendu compte de la force de l'ennemie, M. de Dianous n'osa l'attaquer, d'autant plus que la nuit approchait et qu'il lui fallait se presser pour rentrer au camp avant qu'elle ne fut complète.

Dès qu'il eut regagné son camp, le lieutenant réunit une sorte de conseil de guerre comprenant : M. Santin, le maréchal des logis Pobéguin, Brame, Marjolet et le mokaddem tedjini, et l'on discuta les mesures à prendre dans les malheureuses circonstances où se trouvait la mission.

L'avis général fut au premier abord d'attaquer les Touareg dès le lendemain, afin de reprendre tout ou partie des chameaux ; le premier moment de stupeur passé, les sokhars paraissaient décidés au combat qui avait les plus grandes chances de succès, d'autant plus que l'on avait encore environ un jour et demi d'eau. Malheureusement, le mokaddem tedjini fût d'un avis opposé, et son opinion eut assez de force pour amener le lieutenant de Dianous à décider que la mission battrait en retraite sur Ouargla dans les conditions où on se trouvait.

Cette décision prise on la mit à exécution sans plus attendre ; le lieutenant fit le compte de son personnel qui comprenait 56 personnes,

dont 4 français. La mission avait donc perdu à
Bir el Gharama 33 des siens y compris le colonel
Flatters, MM. Masson, Béringer, Roche, Guiard;
les guides chaamba étaient tous passés à l'ennemi.

Les vivres, l'eau et l'argent furent répartis
entre les hommes qui se chargèrent le plus possible, et l'on se mit en marche à 11 heures du
soir.

CHAPITRE IV

Retraite de la mission. — Témassint. — Traversée de la plaine d'Amadghor. — Combat d'Amguid. — Mort de M. de Dianous.

————

Le lieutenant de Dianous fait appuyer au nord-est pour prendre un itinéraire un peu différent de celui que la mission a suivi le 16 février, de façon à s'éloigner de la vallée où se trouve le Bir el Gharama; au cours de la marche, on s'aperçoit de la disparition de quatre chameliers qui avaient été placés en sentinelle autour du camp à la nuit tombante, ces hommes sont des Chaamba.

Le 17, la marche continue sans arrêt jusqu'au milieu du jour; on fait des haltes fréquentes pour éviter que la colonne s'allonge, les hommes sont très chargés et marchent lentement.

Au point où l'on s'arrête au moment de la plus grande chaleur, se trouve un puits dans un oued boisé; ce puits, que les guides touareg avaient évité à dessin, contient de l'eau en abondance.

Après une halte de quelques heures, la marche est reprise jusqu'au soir; on bivouaque à la tombée de la nuit sur un mamelon isolé; le nommé Cheikh ben Ahmed, chamelier qui avait assisté au combat de Bir el Gharama, rejoint la colonne dans la nuit.

On se met en marche au milieu de la nuit; dans la soirée du 18, on traverse un oued qui a de l'eau courante; à ce moment on aperçoit des hommes à pied qui prennent la fuite en abandonnant des provisions qui sont reconnues comme provenant de la mission; on campe à peu de distance de la rivière.

La colonne reprend sa marche le 19, dès le lever du soleil, les quatre Chaamba qui l'ont quittée le 16 rejoignent à ce moment. On reconnaît les traces de nombreux cavaliers à méhari se dirigeant vers le sud, tout porte à croire que ce sont celles des Touareg qui ont attaqué la mission à Bir el Gharama; on bivouaque à la nuit tombante jusque vers minuit, puis la colonne se remet en marche.

Deux chameliers échappés aux Touareg rejoignent au moment du départ; ils sont passés au camp du 16 peu de temps après le départ de la colonne, ils y ont vu un tirailleur grièvement blessé qu'ils ont dû abandonner. On fait une longue halte dans le milieu du jour, puis la marche reprend jusqu'après le coucher du soleil; on campe toute la nuit du 20 au 21 près d'un puits, tout le monde est dans un état de fatigue extrême.

Les traces des Touareg sont toujours parfaitement visibles; elles viennent du nord-nord-ouest, ce qui fait espérer qu'en les suivant, on retrouvera bientôt celles de la mission qui sont certainement à peu de distance vers l'ouest.

Le 21, dès le matin, on se remet en marche et l'on rencontre les traces de la mission, parfaitement reconnaissables grâce aux deux chevaux que montaient le colonel et le capitaine Masson et dont les traces sont faciles à distinguer.

Dans le milieu du jour on arrive à Témassint où on fait une longue halte, trois hommes ont disparu au cours de cette étape qui a été très pénible, car les vivres commencent à s'épuiser.

Cependant la marche est reprise dans l'après-midi et se continue jusqu'à la nuit tombante.

Le 22 février, la colonne fait une longue étape et s'arrête à proximité du point où la mission a campé le 6 février ; il n'y a presque plus de vivres et le découragement commence à s'emparer des indigènes.

M. de Dianous, qui se rappelle que l'on a vu à l'aller des chameaux autour du point où l'on campe, envoie quelques hommes pour se mettre à la recherche dans les environs ; un Chaambi découvre des traces de chameaux et ramène quatre de ces animaux dans la nuit du 22 au 23. En présence de cette heureuse trouvaille le lieutenant décide qu'on se mettra en route de suite ; la colonne va commencer la traversée de la plaine d'Amadghor qui a occasionnée tant de fatigues à l'aller, on a de l'eau en assez grande quantité mais les vivres manquent complètement.

Les 23, 24 et 25 février on marche dans cet affreux désert, en faisant des étapes aussi longues que possible tant on a hâte d'en sortir ; les hommes se nourrissent d'herbes, le lieutenant distribue lui-même l'eau. Le 25, deux hommes meurent de fatigue et de soif ; le 26, la colonne fait une halte dans la journée à l'ombre de quelques tamarix, la chaleur est très forte.

A ce moment, six Touareg à méhari s'approchent de la colonne et réclament les chameaux trouvés le 22. M. de Dianous leur envoie 2,000 fr. en argent comme prix de ces animaux ; deux Chaamba portent cette somme aux Touareg qui affirment que les Hoggars ne sont pour rien dans l'affaire de Bir el Gharama. Ce sont les Aoulimmiden (1), ajoutent-ils, qui ont massacré le colonel et ses compagnons ; quant à eux, ils s'offrent à conduire le lieutenant et sa colonne à Ahitaghel qui leur donnera tout ce qui leur est nécessaire pour rentrer à Ouargla ; quand la colonne se remet en marche, les six Touareg disparaissent dans l'ouest.

On marche toute la nuit du 26 au 27 et toute la journée du 27, de façon à arriver le plus tôt possible au prochain point d'eau dont on approche, la provision d'eau est complètement épuisée ; un homme a disparu dans la nuit du 26 au 27.

Malgré les ordres du lieutenant pour maintenir la colonne massée, plusieurs indigènes

_____

(1) Les Aoulimmiden forment une puissante confédération qui habite le long de la rive nord du Niger, en aval de Tinboktou.

prennent les devants dès que l'on approche du point d'eau, d'autres complètement épuisés restent en arrière, un nommé Rabah ben Hamedi tombe de fatigue ; à ce moment les Touareg qui se sont montrés le 26, apparaissent de nouveau et s'emparent de Rabah. Deux autres tirailleurs, restés en arrière, sont dépouillés de la plupart de leurs effets et de leurs armes par ces mêmes Touareg, qui devancent la colonne au point d'eau, y boivent, puis disparaissent.

On campe à côté d'un ghedir où il y a de l'eau en abondance, un chameau est égorgé ; le lieutenant fait sécher une partie de la chair de cet animal, de façon à constituer un approvisionnement pour les jours suivants ; on séjourne le 28 février en ce point. Un des tirailleurs restés en arrière le 27 rejoint le camp ; il est presque complètement nu et a reçu plusieurs coups de sabre, cet homme a vu le cadavre de Rabah ben Hamedi qui a été tué par les Touareg.

M. de Dianous aurait voulu se porter au nord-est pour gagner le pays des Azgars où il espérait trouver un appui chez les Ifoghas, mais ses hommes ne paraissent pas disposés à aller dans cette direction qu'ils ne connaissent pas, aussi renonce-t-il à ce projet.

Le 1ᵉʳ mars, on se remet en marche dès le lever du soleil ; M. Santin, qui est très affaibli, doit monter sur un des chameaux, le tirailleur blessé est placé sur un deuxième ; les hommes sont encore très fatigués, malgré le séjour du 28, aussi ne fait-on qu'une courte étape.

Le 2 mars, la colonne atteint Inziman Tikhsin où l'on campe, dans l'après-midi on tue un onagre qui fournit la colonne de viande pour ce jour ; on a reconnu aux environs les traces d'un bivouac où une grosse troupe de cavaliers à méhari a passé la nuit précédente. On séjourne à Inziman Tikhsin le 3, pendant toute la matinée, on arrive à tuer encore un onagre ; grâce à cette abondance de vivres les hommes se trouvent dans une meilleure situation, à trois heures de l'après-midi on reprend la marche jusqu'à la nuit tombante.

Le 4 mars, la colonne marche toute la journée, sauf un arrêt assez long dans le milieu du jour, la chaleur est extrême et on ne fait pas une étape bien longue.

Le 5 mars, on marche dans les mêmes conditions ; pendant la grande halte, qui se fait assez près du prochain point d'eau, M. de Dianous envoie quatre hommes chercher de l'eau ; un instant après, ces hommes reviennent en courant, poursuivis par douze cavaliers touareg à méhari. Ces derniers n'osent approcher du camp et s'établissent sur une hauteur hors de portée.

Le lieutenant envoie deux Chaamba et le mokaddem tedjini demander aux Touareg ce qu'ils désirent ; ces individus disent au mokaddem qu'ils savent que les Français font des cadeaux à tous ceux qui viennent les voir, et qu'ils sont venus pour recevoir les présents qu'on leur destinent ; ils ajoutent, d'ailleurs, qu'ils ont des chameaux à vendre.

Le mokaddem rejoint la colonne et rend compte de sa mission au lieutenant ; un des Chaamba est envoyé auprès des Touareg, pour leur dire que l'on s'entendra avec eux dès que la colonne aura atteint le point d'eau.

Dans la soirée le mokaddem retourne auprès des Touareg ; on lui présente deux vieilles chamelles qui lui sont cédées à un prix exorbitant ; le mokaddem, à qui le lieutenant n'a pas remis d'argent de peur qu'il ne lui arrivât malheur, doit donner un de ses compagnons en ôtage pour qu'on le laisse emmener les deux chameaux ; pendant la nuit plusieurs tirailleurs sont allés en secret au camp des Touareg et leur ont acheté du pain de dattes (1).

Le 6 mars, la colonne se met en marche dès le lever du soleil, les Touareg la suivent en se tenant à grande distance; un de ces hommes s'avance à portée de fusil et tire un coup de feu sur la colonne sans atteindre personne, puis il s'enfuit rapidement; le maréchal des logis Pobéguin lui envoie une balle qui ne l'atteint pas.

Après cet incident, les Touareg se dissimulent dans la montagne à l'est et se montrent de temps en temps sans se rapprocher; au moment où on campe, en un point où la mission avait bivoua- qué à l'aller, ils disparaissent dans l'est et on ne les revoie plus de la journée.

Dans la soirée, cinq Touareg à pied viennent au camp; ce sont des amghad campés dans les environs qui demandent à voir le mokaddem, à qui ils donnent des dattes et une outre pleine de lait de chamelle. Ces hommes passent la nuit au camp, ils ont promis au lieutenant de lui amener des moutons le lendemain; ils quittent le camp en même temps que la colonne.

_____

(1) On appelle pain de dattes le produit que l'on obtient en comprimant des dattes dont on a enlevé les noyaux; les nomades en font un grand usage.

Le 7, on est en route dès le matin ; dans le milieu du jour on fait une halte à côté d'un ghedir plein d'eau ; un chameau est égorgé, puis la marche reprend dans l'après-midi.

A ce moment apparaissent des Touareg qui font des signes avec un drapeau blanc ; le mokaddem et deux Chaamba se rendent auprès de ces gens, qui leur recommandent de dire au lieutenant d'empêcher ses hommes de prendre les chameaux ou les ânes qu'ils pourraient trouver sur leur route. Ces Touareg vendent au mokaddem du pain de dattes et du biscuit de troupe, qui provient forcément du pillage des approvisionnements de la mission. Ce jour on marche jusqu'au milieu de la nuit, de façon à s'éloigner le plus possible des Touareg qui paraissent chercher une occasion d'attaquer la colonne.

. Le 8 mars, la marche reprend de bonne heure ; sept cavaliers à méhari se montrent dans le milieu du jour et font de grands signes ; le lieutenant fait faire halte et envoie trois hommes voir ce qu'ils veulent, un des Chaamba, qui est allé la veille avec le mokaddem, se refuse à retourner auprès des Touareg. Ceux-ci déclarent qu'ils sont étrangers au guet-apens de Bir el

Gharama, et assurent qu'ils sont prêts à céder des chameaux et des vivres à la colonne, pourvu qu'on leur donne un certain nombre d'hommes pour aller les prendre à leurs campements qui sont proches ; ils demandent aussi que le lieutenant vienne en personne s'entendre avec eux.

M. de Dianous, craignant un nouveau guet-apens, refuse d'aller trouver les Touareg, parmi lesquels un Chaambi a reconnu Tissi Ould Chikat (1) ; il leur envoie le mokaddem pour leur dire qu'il ne veut pas quitter sa colonne.

Après quelques pourparlers, Tissi et un autre chef nommé Khatkhat se portent à quelque distance pour se rencontrer avec le lieutenant, qui s'est avancé de son côté accompagné de cinq hommes armés de revolvers.

Tissi renouvelle ses propositions de fournir des chameaux et des vivres, et demande que M. de Dianous lui confie vingt hommes pour les ramener. Le lieutenant finit par décider cinq hommes à aller avec les Touareg qui les emmènent en croupe de leurs méhara ; Tissi envoie une certaine quantité de pain de dattes au lieutenant qui fait reprendre la marche.

---

(1) Tissi était avec le miaad des Touareg Hoggars qui était venu au camp de la mission le 11 février.

A ce moment arrivent soixante cavaliers à méhari qui se joignent à la petite troupe de Tissi, et tous ces hommes se mettent à suivre la colonne en se tenant hors de portée.

Dans la soirée la colonne et les Touareg campent en des points très rapprochés, le lieutenant a entouré son bivouac d'un cordon de sentinelles ; la nuit se passe sans incidents, mais beaucoup de cavaliers ont rejoint Tissi qui, le 9 mars au matin, a au moins cent hommes sous ses ordres.

La colonne se met en marche dès le lever du soleil, elle est à peu de distance de Tinesel Maken, source au pied du Tassili à 10 kilomètres au sud d'Amguid ; les Touareg suivent la colonne et la devancent à la source qu'ils occupent.

M. de Dianous leur fait dire de s'éloigner de la source, ce qu'ils ne se décident à faire qu'après une deuxième injonction ; on fait provision d'eau, puis la colonne campe à peu de distance sur un mamelon isolé. A ce moment, Tissi envoie un Targui pour inviter le lieutenant à venir camper avec lui, invitation que M. de Dianous se garde bien d'accepter.

Dans l'après-midi, on reprend la marche pour

bivouaquer à quelques kilomètres au nord, en un point plus facile à garder ; les Touareg suivent le mouvement et s'installent à proximité, puis ils semblent se consulter longuement et font des signes à la colonne. Le lieutenant envoie un Chaambi, que Tissi charge de dire à M. de Dianous qu'on lui envoie des hommes pour prendre des dattes. Quatre Chaamba sont envoyés et Tissi leur fait donner quelques kilogrammes de dattes, en leur disant que c'est un présent qu'il fait au lieutenant et aux autres Français.

M. de Dianous distribue ces dattes aussitôt qu'elles lui sont apportées et tous en mangent, sauf les Chaamba qui ont été mis en méfiance par l'insistance de Tissi à faire porter ces dattes aux Français.

Ces fruits avaient été, en effet, mêlés à du bois de betthina pulvérisé ; cette plante, de la famille des solanées, est un poison assez violent.

Tous ceux qui ont mangé de ces dattes sont en quelque sorte frappés de folie, ils courent çà et là en poussant des cris atroces, puis finissent par tomber dans une torpeur complète. Les hommes qui étaient placés en sentinelle n'avaient heureusement pas pris de cette nourriture, ils unirent leurs efforts à ceux des Chaamba pour soigner leurs malheureux compagnons de voyage et purent, par leur attitude, empêcher les Touareg d'attaquer le camp, ce qu'ils eussent certainement fait sans cela.

Dans la nuit du 9 au 10, quatre hommes rendus fous par le poison, s'échappent malgré les efforts de ceux qui veulent les retenir ; le 10 au matin, tout le monde va mieux, mais les Français sont encore fort malades.

Le lieutenant envoie le Chaambi Kaddour ben Guenda à Tissi pour prendre livraison des moutons qui sont arrivés la veille, cet homme est porteur d'une certaine somme. Tissi le renvoie et le charge de dire au lieutenant qu'il est nécessaire qu'il lui envoie plusieurs de ses hommes ; M. de Dianous décide les Chaamba Mohamed ben Aïssa, Sassi ben Chaïb et le tirailleur Ali ben Bou Ghiba à aller trouver les Touareg pour tâcher de conclure le marché.

Tissi renvoie ce dernier au camp et fait dire au lieutenant qu'il ne peut traiter qu'avec ses hommes de confiance qu'il désigne par leurs noms ; le mokaddem accompagné d'Ali ben Bou Ghiba et d'Abd el Kader ben Mohamed se décide à aller trouver Tissi pour conclure le marché ;

le chef targui furieux donne l'ordre à ceux-ci de retourner au camp pour en ramener les hommes qu'il a désignés.

A peine Ali et Abd el Kader ont-ils quitté les Touareg que plusieurs de ces derniers se mettent à leur poursuite et les atteignent traîtreusement; les deux malheureux tirailleurs sont massacrés à coups de sabre et de lance.

Pendant ce temps Tissi a emmené à l'écart le mokaddem et les trois Chaamba qui sont avec lui, sous prétexte de traiter de la vente des moutons; à peine sont-ils hors de la vue du camp que Tissi donne des ordres en tamachek aux Touareg qui l'entourent.

Un Targui se précipite sur le mokaddem et le tue d'un coup de sabre, Sassi ben Chaïb est tué de la même façon; quant aux deux autres Chaamba, ils se sont précipités sur Tissi et se sont cramponnés à ses vêtements en implorant sa protection; le chef targui ordonne en conséquence qu'on les épargne, se conformant ainsi à un usage passé en devoir chez les nobles touareg et qui veut que ceux-ci couvrent de leur protection l'ennemi qui a pu s'emparer d'un pan de leur vêtement.

La vue de ces horribles péripéties a exaspéré

le lieutenant et ses hommes qui sont décidés à attaquer les Touareg pour venger leurs camarades ; malheureusement, les Français sont encore malades et ne peuvent donner les ordres nécessaires pour exécuter cette opération dans de bonnes conditions.

Les hommes les plus valides se massent et se mettent en marche sur Amguid où il est décidé qu'on livrera combat aux Touareg ; le lieutenant incapable de marcher est sur un des chameaux ; M. Santin, le maréchal des logis Pobéguin, Brame et Marjolet suivent péniblement le mouvement, plusieurs hommes incapables de suivre restent en arrière.

On fait des haltes fréquentes pour attendre ceux qui sont encore malades, cependant quatre hommes disparaissent ; M. Santin, épuisé de fatigue, disparaît également sans qu'on s'en aperçoive.

Les Touareg suivent la colonne en deux groupes, qui marchent l'un en avant de celle-ci, l'autre en arrière ; les deux groupes se réunissent avant d'arriver à Amguid, mettent pied à terre et occupent l'entrée du ravin où coule la source, ils ont mis leurs méhara à l'abri dans le ravin ; il est un peu plus de midi quand la colonne arrive à portée des Touareg.

Les deux tirailleurs El Madani ben Mohamed et Mohamed ben Abd el Kader, du 1er régiment, ont pris le commandement de la colonne et la conduisent à l'attaque, après avoir laissé les Français à la garde des hommes qui sont encore malades; c'est à ce moment qu'on s'aperçoit de la disparition de M. Santin.

Arrivée à portée des Touareg, la petite colonne fait un feu de salve sur l'ennemi, qui sort des rochers où il s'était abrité et se précipite avec de grands cris au devant des assaillants.

Reçus par des feux rapides, les Touareg perdent beaucoup des leurs; ils s'abritent, puis reviennent à la charge par trois fois avec un acharnement extrême, mais sans succès; ils entretiennent un feu violent sur la colonne sans lui faire grand mal, quelques Touareg ont bien des mousquetons modèle 74, qu'ils ont pris à Bir el Gharama, mais ils ne savent pas s'en servir, car leur tir est très peu efficace.

Aussi se décident-ils à se retrancher derrière les rochers et à attendre dans leurs abris l'attaque de la colonne, qui s'avance pied à pied en leur tuant ou blessant beaucoup de monde.

En entendant la fusillade, les hommes restés en arrière reprennent des forces et se portent

sur le lieu du combat ; Brame et Marjolet s'avancent à découvert, malgré les tirailleurs qui leur
disent de s'abriter, le premier est tué par un
Targui dissimulé derrière un rocher et qui le
perce de sa lance, Marjolet tombe frappé d'une
balle.

M. de Dianous, bien qu'il puisse à peine marcher, s'est également porté au combat, lui aussi
s'avance sans précaution et reçoit une blessure
à l'aine ; à ce moment on reconnaît l'impossibilité de déloger l'ennemi des rochers où il
s'abrite, bien que celui-ci n'ait presque plus de
munitions et se batte à coups de pierre.

La colonne bat en retraite sans que l'ennemi
ose la poursuivre ; malheureusement le lieutenant, excité par le combat, s'expose follement
et ne tarde pas à tomber mortellement frappé
d'une balle en pleine poitrine ; à ce moment le
soleil est près de se coucher.

Le combat d'Amguid avait duré presque toute
l'après-midi du 10 mars ; la colonne avait perdu
son chef, Brame, Marjolet et un tirailleur, le
nommé Mohamed ben Ahmed ; elle avait en plus
six hommes blessés, sans gravité d'ailleurs ; le
maréchal des logis Pobéguin restait donc seul
pour la conduire. On se compta après le combat,

le nombre des survivants de la malheureuse mission n'était plus que de 34; depuis le commencement de la retraite (16 février), on avait donc perdu 22 hommes.

D'après les renseignements qu'on a pu se procurer ultérieurement par Kaddour ben Guenda, qui était prisonnier au moment du combat et qui voyagea ensuite avec les Touareg, ceux-ci auraient eu environ 30 morts au combat d'Amguid; Tissi était blessé assez grièvement d'une balle à hauteur de la ceinture, deux autres Touareg étaient également blessés gravement. D'après Kaddour ben Guenda, les Touareg étaient terrifiés du résultat de ce combat, ils passèrent toute la nuit du 10 mars à délibérer et s'attendaient à chaque instant à être attaqués.

CHAPITRE V

Après le combat d'Amguid, la colonne se
reposa quelques heures, puis elle reprit sa
marche au nord pour gagner le plus vite possible le prochain point d'eau, car on n'osa pas
s'approvisionner à la source d'Amguid qu'on
croyait encore occupée par les Touareg; on
espérait d'ailleurs trouver de l'eau dans l'Oued
Igharghar où existent des ghedirs que l'on avait
vus pleins le 17 janvier.

Le maréchal des logis Pobéguin, toujours inca-

capable de marcher, monte sur un des quatre
chameaux que possède la colonne, les trois
autres animaux portent deux tirailleurs blessés
et les bagages; on marche toute la nuit pour
atteindre les ghedirs qui sont à sec.

Le 11 mars, après une courte halte, la marche
est reprise et l'on arrive à la Sobba vers le milieu
du jour, on occupe l'entrée du cirque ou se
trouvent les réservoirs (1); un chameau est
égorgé et on bivouaque en ce point. Dans la
soirée les Touareg se montrent à proximité,
mais ils n'osent attaquer la colonne et ne tardent
pas à disparaître dans le sud.

Le maréchal des logis voyant l'état de fatigue
de son monde, demande à son homme de confiance, le nommé Mohamed ben Abd el Kader,
qui a fait preuve d'une si grande énergie à
Amguid, s'il peut se rendre à Ouargla pour
demander du secours. Cet homme se déclare
prêt à remplir cette mission, mais il demande
qu'on lui donne trois hommes qu'il désigne,
pour l'accompagner ; Pobéguin craint que le
départ de ses meilleurs auxiliaires ne démoralise
sa troupe et refuse.

---

(1) Voir plus haut la description de ce point d'eau où la
mission a campé le 16 février.

Cependant, Mohamed ben Abd el Kader quitte le camp pendant la nuit, en compagnie des trois hommes qu'il a désignés ; en apprenant ce départ le lendemain, le maréchal des logis est très vivement affecté.

On se met en route le 11, dans l'après-midi, la colonne est dans une situation réellement épouvantable ; Pobéguin est toujours incapable de marcher et son état ne lui permet pas d'imposer sa volonté. Aussi la désunion ne tarde-t-elle pas à se manifester d'une façon navrante, les indigènes se groupent par tribus et usent le peu de forces qui leur restent à se chamailler au moindre prétexte ; on campe à la tête de la gorge par laquelle l'oued Iraouen sort du Djebel Iraouen.

Le 13 mars, la colonne suit le défilé et campe dans l'oued à peu de distance de l'entrée de la gorge ; la fatigue est extrême, on n'a pu faire une longue marche, car il faut s'arrêter constamment pour attendre les hommes les plus affaiblis. Le 14, on atteint un puits, le Tilmas Iraouen, que la mission n'avait pas vu à l'aller ; on y fait une longue halte dans le milieu du jour, un chameau est égorgé. La colonne s'est partagée en deux groupes qui bivouaquent séparément ; Pobéguin essaie de faire reconnaître son autorité et de rétablir l'entente, mais sans succès. L'un des groupes, composé presque uniquement de tirailleurs, s'empare du chameau qui porte Pobéguin, le deuxième groupe prend le deuxième chameau et dès lors la scission est presque complète.

La marche est reprise dans le milieu de la journée et on bivouaque à peu de distance du Tilmas Iraouen.

Le 15, la colonne fait une petite marché dans la matinée et fait halte. Pobéguin renvoie quelques hommes des plus vigoureux à Tilmas Iraouen pour y chercher de l'eau, car on sait que le prochain puits est encore fort éloigné, puis on reprend la marche dans la soirée.

Les 16 et 17, la colonne fait deux étapes assez longues, malgré l'extrême fatigue et les difficultés que présente le passage des pentes sud du Tinghert (voir la journée du 13 janvier).

On bivouaque le 17 mars à Tilmas el Mra, puits où la mission avait campé le 12 janvier, la colonne fait séjour en ce point le 18 ; on trouve le cadavre desséché d'un chameau qui est dépecé, cuit et mangé.

La marche est reprise dans l'après-midi et est continuée jusqu'après le coucher du soleil, un homme a disparu.

Le 19, la colonne se met en route dès le lever du soleil ; chacun marche comme il peut, cherchant à arriver le plus tôt possible à Hassi el Hadjadj dont on est proche, des hommes restent en arrière mais on ne les attend pas. Vers la tombée de la nuit, on bivouaque à quelques kilomètres d'Hassi el Hadjadj, qu'il ne faut pas songer à atteindre tant la fatigue générale est grande.

On égorge un des deux chameaux que possède la mission, le partage de cet animal donne lieu à des disputes qui sont bien près de dégénérer en rixes à main armée ; Pobéguin finit par rétablir la paix non sans peine.

Le 20 mars on fait séjour, les hommes qui sont restés en arrière ont rejoint le camp dans la nuit ; Pobéguin envoie trois hommes avec le chameau chercher de l'eau à Hassi el Hadjadj.

Le maréchal des logis étant toujours incapable de marcher, décide qu'il se rendra à Hassi el Hadjadj sur le chameau qu'il renverra ensuite au camp par les hommes qui l'accompagneront ; on chargera alors l'animal des quelques bagages que l'on a encore et toute la colonne rejoindra le maréchal des logis au puits.

Dès son arrivée à Hassi el Hadjadj, Pobéguin

se met à l'abri du soleil à peu de distance du puits et charge le tirailleur Mokhtar ben Ghezel d'emmener le chameau au camp. Un certain temps se passe et le maréchal des logis voit arriver la colonne, les hommes se plaignent à leur chef qu'on ne leur a pas ramené le chameau comme cela était convenu.

Pobéguin, très étonné, leur assure qu'il leur a renvoyé l'animal : on suit les traces de ce dernier et on ne tarde pas à constater que deux tirailleurs l'ont emmené vers le nord ; ce sont les nommés Mokhtar ben Ghezel et Abd el Kader ben Ghorieb qui ont commis ce crime. Le maréchal des logis envoie les deux hommes les plus vigoureux à la poursuite des misérables en leur ordonnant de les tuer s'ils parviennent à les rejoindre. On campe à côté du puits ; les hommes envoyés à la recherche des deux déserteurs reviennent à la nuit tombante sans avoir pu les rejoindre.

En voyant disparaître ainsi leur dernière ressource, les malheureux restes de la deuxième mission Flatters sont pris d'un immense désespoir. On n'a plus le moindre aliment et le point le plus rapproché où l'on a chance d'en trouver, est Hassi el Mesegguem où sont les campements de Mohamed ben el Hadj Radja, l'ancien guide de la mission ; il y a trois jours de marche de Hassi el Hadjadj à Hassi el Mesegguem et cette dernière chance est assez faible, le guide ayant pu changer de campement.

Un tirailleur encore valide s'offre à partir pour Mesegguem, Pobéguin l'autorise à se porter en avant ; à peine est-il parti que plusieurs hommes quittent le camp comme s'ils allaient à la chasse, ils reviennent bientôt et apportent de la viande au maréchal des logis qui s'aperçoit que cette viande est de la chair humaine ; les malheureux avaient tué et dépecé leur camarade qui était parti pour tâcher de leur ramener du secours.

Pendant trois jours, on séjourne à Hassi el Hadjadj attendant un secours qui ne vient pas ; tout le monde est dans un état de faiblesse inouïe ; on se nourrit d'herbes, d'insectes, de lézards sans pouvoir trouver de forces suffisantes pour marcher. Cependant, quelques hommes font un effort et cherchent à convaincre leurs camarades qu'il est possible de gagner Mesegguem où on trouvera du secours.

Le maréchal des logis et 14 hommes quittent Hassi el Hadjadj, le 25 au matin, et arrivent péni-.

blement à faire trois kilomètres ; neuf hommes, qui ne pouvaient se traîner, ont été abandonnés près du puits.

Pendant la nuit du 25 au 26, on entend des coups de fusil dans la direction d'Hassi el Hadjadj ; deux hommes sont envoyés par Pobéguin pour savoir ce qui s'est passé.

Parmi les neuf hommes laissés à Hassi el Hadjadj, deux étaient morts de faim ; une discussion se serait élevée entre les sept survivants, qui s'était terminée par des coups de fusil ; deux avaient été tués et dévorés par les cinq survivants.

A ces nouvelles quatre hommes quittent la colonne et vont à Hassi el Hadjadj ; ils tuent un des cinq hommes restés au puits et ne rejoignent la colonne que le lendemain, apportant de l'eau et de la chair des hommes qui ont été tués.

Le 27, la colonne reste en place, six hommes sont allés à Hassi el Hadjadj pour y prendre de l'eau ; en arrivant au puits, ils tuent deux de ceux qui y sont encore, les deux autres s'enfuient épouvantés et se cachent aux environs.

Dans la soirée, les six hommes rejoignent la colonne, rapportant de la chair que tous dévorent poussés par la faim ; les malheureux n'ont, pour ainsi dire, pas mangé depuis sept jours, pour la plupart du moins.

Les 28, 29 et 30 mars se passent en allées et venues entre le camp de la colonne et le Hassi el Hadjadj; dans la journée du 30, un affreux ouragan de sable vient encore s'ajouter aux souffrances, qui dépassent tout ce que l'on peut imaginer.

Les mêmes scènes de cannibalisme se produisent, quatre hommes à moitié morts de faim et de soif sont tués et dévorés; le maréchal des logis est dans un tel état de prostration qu'il reste deux jours sans pouvoir bouger; le 29, ses hommes l'abandonnent pour aller chercher de l'eau au puits.

Quand ils reviennent, le 30, à l'endroit où ils avaient laissé Pobéguin, celui-ci ne s'y trouve plus; trois hommes partent, le 30 au soir, à sa recherche en suivant ses traces qui les mènent à Hassi el Hadjadj où ils passent la nuit, le maréchal des logis est tombé sans forces près du puits.

Le lendemain 31, le tirailleur Belkassem ben Zebla, voyant le malheureux sous-officier dans cette triste situation, propose à ses deux compagnons de l'achever; ceux-ci s'y opposent mais ne peuvent empêcher Belkassem de commettre ce crime. L'un de ces deux hommes, Mohamed ben Mohamed, qui veut se jeter sur Belkassem, reçoit même de ce dernier une balle de revolver dans le bras ; après la mort de Pobéguin, tous trois s'éloignent de Hassi El Hadjadj et rejoignent le camp, puis la colonne reprend sa marche vers le nord ; elle ne compte plus que 10 hommes.

On bivouaque toute la nuit du 31 mars, le lendemain la marche est reprise dès le lever du soleil ; la colonne fait halte dans le milieu du jour, puis, craignant de manquer d'eau, elle repart dans l'après-midi et marche toute la nuit sans repos.

Le 2 au matin, on rencontre un berger gardant des chameaux au pâturage, cet homme est au service de Mohamed ben El Hadj Radja qui est campé à proximité ; les survivants au nombre de huit, deux ayant disparu pendant la marche de nuit, sont conduits à la tente de Mohamed qui leur donne l'hospitalité.

Le 3 avril, ce dernier, accompagné des hommes qu'il a recueillis, se rend à Hassi El Hadjadj où il arrive le 5 ; il y trouve deux hommes encore vivants et qu'il ramène à son campement, l'un était le dernier des neuf hommes qui avaient été abandonnés le 25 auprès du puits, l'autre était un de ceux qui avaient disparu dans la nuit du 1er au 2 avril.

En rentrant à son camp le 5 avril, Mohamed y trouve 14 cavaliers du makhzen d'Ouargla que le khalifat Mohamed ben Belkassem avait envoyés au secours des survivants de la mission.

Les quatre hommes parties de la Sobba, le 11 mars étaient en effet arrivés le 28, à Ouargla, et avaient informé le khalifat de la situation de leurs camarades ; Mohamed ben Belkassem avait envoyé de suite la plus grande partie de son makhzen vers le sud et se portait de sa personne à sa suite, dès qu'il eut réuni la plus grande partie des contingents de ses tribus. Les 14 cavaliers à méhari, qui se trouvaient le 8 avril à Hassi El Mesegguem, composaient son avant-garde, qui avait parcouru en 7 jours l'énorme distance de 624 kilomètres ; lui-même était à ce moment à Hassi Inifel avec 300 cavaliers à méhari.

L'arrivée de ces forces contribua à sauver les survivants de la malheureuse expédition, car un fort contingent dés Ouled Ba Hamou d'In-Salah était venu à proximité de Hassi El Mesegguem, et la protection de Mohamed ben El Hadj Radja eût été insuffisante pour protéger les restes de la mission contre ces bandits. Il est bon d'ajouter que les 14 cavaliers du makhzen ne purent protéger efficacement les survivants de la mission qu'en prévenant les Ouled Ba Hamou que le khalifat s'avançait avec sa colonne; à cette nouvelle ceux-ci se dépêchèrent de décamper et de rentrer à In Salah.

Les cavaliers du makhzen quittèrent Hassi el Mesegguem le 10 avril avec les 12 survivants de la deuxième mission Flatters et rejoignirent Mohamed ben Belkassem à Inifel, puis, toute la colonne rentra à Ouargla où on retrouva Mohamed ben Abd el Kàder et ses trois compagnons. Quant à Mokhtar ben Ghezel et Abd el Kader ben Ghorib, qui avaient déserté le 21 mars à Hassi el Hadjadj, ils étaient arrivés le 30 mars à Ouargla.

En résumé, des 56 personnes parties de Bir el Gharama, 18 avaient rejoint Ouargla, deux étaient restés prisonniers des Touareg et devaient rentrer plus tard; enfin 5 hommes, qui avaient été faits prisonniers à Bir el Gharama, devaient revoir leur pays à la suite de souffrances terribles et d'une longue captivité; un tirailleur de race noire est resté esclave au Hoggar.

Aucun Français n'avait survécu à la malheureuse expédition ; sur les 78 indigènes partis
d'Ouargla 54 avaient péri, tous les guides
chaamba étaient passés à l'ennemi ; Cheikh ben
Boudjemâa et El Ala ben Cheikh prétendirent
plus tard qu'ils avaient été faits prisonniers par
les Touareg à Bir el Gharama ; obligés de suivre
Sghir ben Cheikh chez les Ifoghas, ils ne revin-
rent en Algérie que longtemps après le retour
à Ouargla des survivants de la mission.

L'histoire de la deuxième mission Flatters
serait incomplète si on ne cherchait à déterminer l'enchaînement des faits qui ont amené
la ruine de la malheureuse expédition.

Les nombreuses enquêtes faites à ce sujet, les
documents qu'on a pu se procurer, permettent
de faire le jour sur ces tristes péripéties.

Quand au printemps de 1880, Ahitaghel, grand
chef des Hoggars, reçut la lettre que le colonel lui
avait envoyée de Tebalbalet, il réunit la djemaâ
des Hoggars pour déterminer la réponse à faire.

Cette réponse était signée d'Ahitaghel et des
deux principaux cheikhs Hoggars, elle était
rédigée en termes qui ne pouvaient guère laisser
de doutes sur les mauvaises dispositions de la
djemaâ.

Comme nous l'avons dit plus haut (1er chapitre de la 2e partie), cette lettre fut suivie d'une deuxième qui était conçue en termes plus engageants ; il est à remarquer que cette lettre était signée d'Ahitaghel seul, on peut en conclure qu'elle avait été écrite sans l'avis de la djemaâ et probablement même contrairement à cet avis. Cette présomption paraît confirmée par une troisième lettre dans laquelle le chef des Hoggars, sous une forme embarrassée, prévenait le colonel Flatters des dangers qu'il courait en allant au Soudan par le Hoggar.

On peut conclure de ce court exposé que, chez les Hoggars, il existait déjà, à cette époque, soit dans le courant de l'été 1880, deux partis dont l'un représenté par Ahitaghel était en quelque sorte bien disposé à l'égard de la mission, et l'autre franchement hostile.

Le grand chef des Hoggars avait-il l'autorité nécessaire pour protéger la mission contre les tentatives du parti hostile ? Nous n'hésitons pas à dire que cela est douteux ; on sait, en effet, que les Hoggars comme tous les Touareg ont une organisation féodale, l'amenokhal (1) n'est que

_____

(1) Titre du chef des Hoggars.

le suzerain de grands vassaux avec lesquels il doit compter, et notre propre histoire est là pour montrer que les vassaux n'ont jamais hésité à se soustraire au pouvoir de leur suzerain, quand leurs intérêts ou leurs passions étaient en jeu.

Quoi qu'il en soit, on peut admettre que les dispositions des Hoggars et de leur chef à l'égard de la mission française, avant son départ d'Algérie, étaient telles que nous venons de le dire.

Quant aux Azgars, au moins en ce qui touche leur grand chef Ikhenoukhen et les Ifoghas, il semble acquis que leurs dispositions étaient aussi bonnes que possible vis-à-vis de la deuxième mission ; les tribus, avec lesquelles le colonel Flatters avait été en relations au printemps de 1880, avaient tiré de grands profits de la première mission et elles devaient désirer le retour des Français.

Abd el Hakem, chef des Ifoghas, était d'ailleurs venu jusqu'à Alger, avec son fils, son gendre le Chaambi Sghir ben Cheikh et un noble targui, pour tâcher de décider le colonel à revenir dans son pays.

A Ouargla, Abd el Hakem quitta la mission pour rentrer chez lui, mais il laissa son fils

Entiti et le Targui Hamma avec le colonel, espé-
rant toujours que celui-ci se raviserait au
moment de pénétrer dans le Djebel Hoggar.

Abd el Hakem se méfiait beaucoup des dispositions des Hoggars, il n'avait pas caché au
colonel son opinion à ce sujet, et pensait que tel
événement pourrait se produire, qui détermi-
nerait la mission à passer chez les Azgars; en
fait il s'en fallut de peu que le colonel renonçât
à passer par le Hoggar.

L'arrivée de Chikat ben Hanfou à Iguellachen
enleva aux Ifoghas et à Sghir ben Cheikh tout
espoir de voir la mission retourner dans leur
pays; Entiti et Hamma rejoignirent Abd el
Hakem sur l'Oued Tedjoudjelt; Sghir ben Cheikh,
après avoir accompagné Entiti jusqu'à Tahohaït,
se mit à la recherche de la mission; mais
n'anticipons pas.

Pendant que la mission s'avançait au sud
d'Ouargla, Ahitaghel se trouvait à In Salah avec
une grosse caravane et la plus grande partie de
ses contingents; on ne sait pas au juste ce qu'il
était allé faire dans cette oasis. Il est bien certain que les Hoggars viennent s'y approvisionner, mais il est aussi parfaitement établi
que l'amenokhal n'accompagne presque jamais

les caravanes qui vont à In Salah deux ou trois fois par an.

En tous cas, il est à remarquer, qu'à l'époque où Ahitaghel se rendit ainsi à In Salah, il y avait dans cette oasis où dans les ksours voisins du Tidikelt, plusieurs membres de la famille des Ouled Sidi Cheikh.

Si ed Din et Si Hamza ben Bou Becker se trouvaient à Ksar el Arab où ils étaient les hôtes d'El Hadj Abd el Kader ben Badjouda; or, les Ouled Sidi Cheikh étaient à cette époque en insurrection. Quelle que soit la cause qui amena Ahitaghel à In Salah, à ce moment, il est certain qu'il eut des pourparlers au sujet de la mission, tant avec les chefs des Ouled Sidi Cheikh qu'avec Ben Badjouda.

Ce dernier aurait reproché très vivement au chef des Hoggars d'avoir ouvert son pays à l'expédition française; il ajouta même que, pour sa part, il s'opposerait à la marche de celle-ci par la force si elle s'approchait d'In Salah.

Abd el Kader ben Badjouda aurait en effet envoyé à Hassi Farès oum El Lil, point situé à trois jours de marche à l'est d'In Salah, une troupe de cavaliers à méhari, qui devaient signaler l'approche du colonel et lui remettre des lettres d'Abd el Kader et d'Ahitaghel, lui intimant en quelque sorte l'ordre de retourner sur ses pas ; à ce moment, le chef des Hoggars était donc revenu de ses premières intentions sur les conseils de Ben Badjouda et des Ouled Hamza (1).

La mission ne s'étant pas suffisamment approchée d'In Salah, les éclaireurs rentrèrent sans avoir remis ces lettres au colonel ; cependant celui-ci eut connaissance de ces faits par les gens qui passèrent le 27 décembre à In Sokki, venant d'In Salah.

Bien que le chef de la mission n'ait pas fait mention de ces incidents dans son journal de marche, il est à remarquer que c'est à la suite de la venue de ces gens qu'il envoya Cheikh ben Boudjemâa à Ahitaghel avec une lettre pour ce dernier.

Insokki était, il est vrai, le point de l'itinéraire suivi le plus rapproché d'In Salah, et il était naturel que le colonel envoyât de ce point un courrier à Ahitaghel, qu'il savait dans cette

---

(1) Si ed Din et Si Hamza sont les descendants de Si Hamza qu'on pourrait appeler le grand et qui fut notre khalifat du sud, en 1853.

oasis d'après les renseignements donnés par les gens dont il est parlé plus haut.

Cependant, une phrase que l'on trouve dans une lettre que le colonel Flatters écrivait d'Amguid, le 19 janvier 1881, prouve bien qu'il était renseigné sur les faits qui s'étaient passés à In Salah ; cette phrase est la suivante :

« Ahitaghel, s'abstiendra peut être, circonvenu
» par les gens d'In Salah avec lesquels il a passé
» quelque temps dernièrement.... »

Ces lignes semblent prouver d'une façon à peu près certaine que le colonel doutait à ce moment du bon vouloir d'Ahitaghel, et la lettre qu'il avait envoyée d'In Sokki était surtout destinée à éclaircir ses doutes, et non pas seulement, comme il le dit dans son journal de marche, pour avertir le chef des Hoggars de l'approche de la mission.

Quoiqu'il en soit, si on se reporte à ce qui a été dit plus haut au sujet des relations de Cheikh ben Boudjemâa avec Ahitaghel au cours de sa mission, on remarquera que ce dernier garda l'envoyé du colonel Flatters pendant huit jours avant de le renvoyer avec une réponse.

Il n'est pas douteux que, pendant cette période, le chef des Hoggars était tiraillé entre l'envie qu'il avait de donner accès dans son pays à la mission dont il comptait tirer bon profit, et la crainte de rompre en visière avec la djemaâ des Hoggars et Ben Badjouda, qui l'avaient engagé à ne pas tolérer l'entrée des Français dans une région où jamais chrétien n'avait pénétré.

D'abord décidé à ce dernier parti quand il se trouvait à In Salah, sous l'influence des Ouled Hamza et de Ben Badjouda, il revint à ses dispositions premières en s'éloignant du Tidikelt, et se décida enfin à écrire au colonel pour lui confirmer l'autorisation qu'il lui avait déjà donnée de venir au Hoggar, et la promesse de lui fournir des guides.

Toutefois, de peur de s'engager par trop vis-à-vis du chef de la mission, il prit le premier prétexte venu pour ne pas aller à sa rencontre, et envoya à sa place une personnalité d'importance secondaire, Chikat ben Hanfou, vieux chef qui joua en cette circonstance le rôle de comparse.

Cette conduite ambigue est tout à fait dans les habitudes africaines; en Algérie, au Soudan comme dans le Sahara, les chefs avec lesquels nous avons été en relations, ne se sont jamais engagés d'une façon bien nette vis-à-vis de nous;

toujours ces gens-là se préparent plusieurs façons de sortir d'une situation qu'ils jugent embarrassante, afin de pouvoir régler leur conduite sur les événements qu'ils attendent ou prévoient.

Ahitaghel, au lieu d'aller au-devant de la mission française, rentra dans ses campements, à Bezou, point situé à deux jours de marche environ au sud-ouest d'Idelès, et où il dut arriver dans les derniers jours de janvier.

Pendant ce temps Chikat, accompagné des Touareg Ahamed et El Alem qui devaient servir de guides à la mission, se portait avec Cheikh ben Boudjemâa et Ali ben Mahtallah vers l'ouest pour tâcher de rencontrer le colonel.

C'est le 25 janvier que Chikat arriva au camp de la mission sur l'Igharghar, il était seul, les deux Touareg qui l'accompagnaient primitivement étant retournés près d'Ahitaghel; il en résulta, qu'à partir de ce jour, Chikat guida la mission conjointement avec le Targui Mohamed ould Moumen, guide d'occasion que Cheikh ben Boudjemâa avait rencontré dans l'Oued Gharis et qui l'avait aidé à trouver la mission.

Chikat avait d'ailleurs envoyé un cavalier à méhari à la recherche des guides désignés par

Ahitaghel, dès qu'il avait reçu le courrier que le colonel lui avait envoyé d'Iguellachen; ce cavalier rejoignit facilement Ahamed, puisque ce dernier prit ses fonctions de guide le 29 janvier, le lendemain Chikat quittait la mission et retournait auprès du chef des Hoggars.

Du 30 janvier au 8 février la mission traverse la plaine d'Amadghor non sans de grandes difficultés dues à l'aridité de cette région, mais il ne se produit aucun incident particulier ; c'est le 8 février que Sghir ben Cheikh arrive au camp de la mission, accompagné de deux Touareg Hoggars qu'il prétend avoir rencontrés à Tahohaït.

Bien que les Hoggars aillent souvent jusqu'en ce point et même beaucoup plus au nord jusqu'à Tebalbalet, il est peu probable que Sghir ait rencontré ces individus au point qu'il indiqua au chef de la mission.

Tout porte à croire que Sghir, désillusionné de voir la mission aller au Hoggar et obligé ainsi de renoncer aux profits qu'il comptait en tirer, en la conduisant dans le pays de son beau-père Abd el Hakem, voulut la rejoindre pour tâcher de tirer parti des événements. Les Touareg, avec lesquels il se présentait au colonel, lui avaient certainement fait part des dispositions des Hoggars vis-à-vis de la mission, et dès ce jour, Sghir se tint au courant des intrigues qui se nouaient, en entretenant des rapports constants avec les guides touareg ou les visiteurs qui se présentèrent journellement au camp de la mission à partir du 8 février.

Il n'est pas douteux qu'au Hoggar, Ahitaghel et le parti hostile à la mission étaient loin de s'entendre ; cependant, le chef des Hoggars envoie le guide El Alem qu'il a promis, mais, fidèle à la règle de conduite peu franche qu'il a adoptée, il ne bouge pas de son camp de Bezou.

Le miaad qui vint au-devant du colonel Flatters, le 11 février, comptait 30 cavaliers à méhari, il était composé de gens envoyés par Ahitaghel et relativement bien disposés pour la mission et de gens du parti adverse.

En quittant Témassint, le 12 février, les gens du miaad se retirent vers l'ouest dans la montagne ; tout porte à croire qu'arrivés à peu de distance de Témassint où était campée la mission à ce moment, le miaad délibéra sur la conduite à tenir vis-à-vis des Français.

Il est probable que le guide El Alem, qui avait

quitté Témassint, le 11 février, en compagnie de Sghir ben Cheikh avec l'autorisation du colonel, assista à cette délibération ainsi que son compagnon. Si nous ajoutons qu'Ahamed, qui avait guidé la mission jusqu'à Témassint, était également parti avec le miaad, nous pourrons conclure que les Hoggars composant ce dernier purent s'entendre en connaissance de cause; Sghir et Ahamed les renseignèrent en détail sur l'organisation de la mission et sur la façon dont elle était dirigée.

Il est possible qu'à la suite de cette délibération, une partie du miaad rejoignit Ahitaghel et refusa d'agir de concert avec le parti hostile aux Français; quelques lettres que notre consul à Tripoli, M. Féraud, a eues entre les mains, donnent à penser que le chef des Hoggars n'avait pas varié dans ses dispositions personnelles vis-à-vis de la mission.

Quoiqu'il en soit, il est certain qu'une partie du miaad, à la tête de laquelle était Tissi, le propre fils de Chikat ben Hanfou, complota la perte de la mission et la suivit en se dissimulant pour attendre une occasion favorable de l'attaquer.

En même temps Tissi envoya une lettre au

colonel Flatters, lettre qui était censée émaner de la djemaâ des Hoggars, et par laquelle il renouvelait les promesses déjà faites soit par Ahitaghel soit par les gens du miaad, le 11 février, à Témassint.

Cette lettre parvint au colonel le 13 février ; elle était apportée par un Targui qui accompagnait Sghir ben Cheikh et El Alem, rejoignant la mission après être censés allés au campement de ce dernier.

Le même jour Sghir conseilla à tous les Chaamba de quitter la mission sous un prétexte quelconque et demanda au colonel de le congédier ; de ce fait il est facile de conclure que Sghir était parfaitement au courant des projets des Hoggars.

Il voulait en conséquence quitter la mission pour se procurer une espèce d'alibi dans le cas où ces projets seraient mis à exécution, et se compromettre le moins possible, tout en se réservant la liberté de profiter du succès de ces projets s'ils réussissaient.

Il semble avéré d'ailleurs, que le Chaambi Cheikh ben Boudjemâa, dont la méfiance fut éveillée par les allures de Sghir et des Touareg, chercha à mettre le colonel en garde contre les hostilités qu'il prévoyait. Malheureusement tous ces incidents avaient produits un effet déplorable sur les indigènes de la mission et, de peur de frapper le moral déjà affecté de son personnel, le chef de la mission ne crut pas devoir prendre toutes les mesures de sécurité que comportait la situation.

Pendant ce temps, Tissi, qui semble avoir été l'âme du complot dirigé contre la mission française, réunit les forces nécessaires pour l'attaquer, forces qui avaient été concentrées antérieurement même à l'entrevue du 11 février, tout porte à le croire du moins.

Il semble résulter en effet de renseignements fournis par un homme fait prisonnier à Bir el Gharama et qui a été en relations avec le chef des Hoggars, qu'un certain temps avant la venue du miaad à Témassint, un fort parti ennemi se serait réuni pour attaquer la mission. Ahitaghel serait parvenu à empêcher cette attaque en décidant cette troupe à se disperser ; ayant appris quelque temps après que des rassemblements hostiles se formaient de nouveau, le chef des Hoggars aurait quitté son campement pour joindre ces rassemblements et les arrêter. Prévenu trop tard, Ahitaghel n'aurait pu mener à bien cette entreprise, et dut rentrer à Bezou, ayant connu l'affaire de Bir el Gharama avant d'avoir atteint la troupe de Tissi.

De tout cela, il semble résulter que, d'une part, le chef des Hoggars a fait ce qu'il a pu pour empêcher les hostilités de ses tribus contre la mission française, et d'autre part, que son autorité a été méconnue par les principaux des dites tribus ; ces faits sont à méditer et à retenir pour plus tard.

Le 15 février, deux Touareg viennent au camp de la mission et y passent la nuit avec Sghir ben Cheikh et les guides touareg, il est évident que ces gens sont venus pour donner les dernières instructions de Tissi en vue du guet-apens du 16 ; il est avéré d'ailleurs, que Sghir informa le lendemain les guides chaamba du complot projeté, il est certain, toutefois, que Sghir ne le communiqua pas à Cheikh ben Boudjemaâ dont il se méfiait depuis les incidents des 8 et 11 février.

Il est inutile de rappeler les péripéties du guet-apens de Bir el Gharama, les faits parlent d'eux-mêmes ; tous les guides chaamba ont fait cause commune avec les Touareg sauf Cheikh ben Boudjemâa qui, pour sauver sa vie, s'est en quelque sorte rendu à l'ennemi.

On sait qu'après le désastre de Bir el Gharama, les restes de la mission se mirent en marche vers le nord pour tâcher de regagner l'Algérie ; les Touareg ne les poursuivirent pas de suite, ils avaient d'ailleurs à partager les dépouilles de la mission et à mettre leur butin en lieu sûr. D'ailleurs, ils pensaient que, privée de moyens de transport, la colonne périrait de soif et de faim dans le cours de la terrible retraite qu'elle avait entreprise.

Le 17 février, les Touareg campèrent sur l'emplacement du camp de la mission, ils firent le partage du butin et se divisèrent en deux groupes dont l'un rentra dans ses campements avec les chameaux pris à Bir el Gharama ; l'autre groupe comprenant environ 150 cavaliers à méhari, se lança, le 19, sur les traces du lieutenant de Dianous qui avait déjà gagné une avance de 60 à 80 kilomètres.

Il est probable, qu'en raison du terrain difficile qui existe entre Bir el Gharama et Témassint, les méhara des Touareg ne purent marcher bien vite, car, en quatre jours de marche, ils ne purent rejoindre la colonne de M. de Dianous

qui, à ce moment (25 février), était à deux jours
de marche au nord de Témassint où les Touareg
se trouvaient alors.

A partir de Témassint les Touareg se parta-
gèrent en deux troupes : l'une sous le commandement de Tissi continua à poursuivre
la mission, elle était forte de 100 cavaliers à
méhari ; l'autre comptant 50 cavaliers, se porta
au nord est chez les Azgars, dans l'intention
d'attaquer les Ifoghas auxquels ils en vou-
laient d'avoir accueilli les Français l'année précédente.

Quant aux Chaamba, ils se séparèrent des
Touareg et se portèrent chez les Azgars ; Cheikh
ben Boudjemâa dut suivre Sghir ben Cheikh qui
emmenait avec lui plusieurs chameaux provenant de la mission et chargés d'un important
butin, que ce Chaambi avait reçu en partage
après le pillage du camp.

Les Touareg qui se rendaient chez les Azgars,
gagnèrent Tahohaït et allèrent ghazzier le marabout Mohamed ben El Hadj Ahmed des Ifoghas,
alors campé dans les Ighargharen. Les Chaamba
suivirent le même chemin que ces Touareg en
marchant plus lentement et arrivèrent dans les
premiers jours de mars au lac Menkhough où

étaient campés Abd el Hakem et le fils d'El Hadj lkhenoukhen ; Cheikh ben Boudjemâa fut obligé de rester avec Sghir, qui craignait qu'il ne se rendit à Ouargla pour informer l'autorité française des faits qui avaient amené la perte de la mission.

Cheikh quitta le lac Menkhough vers le milieu de mars en compagnie d'El Ala ben Cheikh et mit 25 jours à gagner Ouargla ; la lenteur de cette marche prouve que le Chaambi n'avait pas la conscience tout à fait tranquille malgré ses protestations. Quant à Tissi, on sait qu'il rejoignit M. de Dianous le 26 février et poursuivit la colonne jusqu'à la Sobba (11 mars) ; les Touareg avaient reçu une rude leçon à Amguid, le 10 mars, et renoncèrent à achever la destruction de l'infortunée mission.

A la suite de tous ces événements, les Touareg vécurent plusieurs années dans la crainte de voir venir dans leur pays une expédition militaire, qui punirait leur conduite vis-à-vis d'une mission essentiellement pacifique.

Sous le coup de cette crainte, Ahitaghel envoya à ses amis musulmans de l'est et de l'ouest des lettres où il se posait en défenseur de la foi, et où il vantait les services que son peuple avait rendus à la cause de l'Islam en faisant la guerre sainte contre les chrétiens.

On en a conclu que le chef des Hoggars avait manqué d'une façon complète à la parole donnée au colonel Flatters, et qu'il avait été le principal, sinon le seul instigateur, du guet-apens de Bir el Gharama.

Cette conclusion est, croyons-nous, quelque peu erronée, Ahitaghel a manifesté en plusieurs circonstances les regrets qu'il avait éprouvés de ces événements, dans lesquels il n'a été personnellement pour rien, en tant qu'agent actif du moins.

Il faut bien se dire, qu'en présence du fait accompli, le chef des Hoggars ne pouvait faire plus qu'exprimer timidement ses regrets, sa situation de suzerain lui imposait une réserve bien compréhensible; il eut d'ailleurs joué sa situation, sinon sa tête, à désapprouver trop nettement les actes des puissants vassaux qui ne s'étaient pas gênés pour méconnaître son autorité.

Résumons-nous : Ahitaghel avait promis son appui et sa protection à la deuxième mission Flatters; malgré les excitations qui lui ont été adressées d'In Salah et peut être de la Tripolitaine, il a cherché à tenir ses promesses ; cependant il a évité de se rencontrer avec le colonel Flatters, de peur de se compromettre aussi bien vis-à-vis de ses amis de l'est et de l'ouest que vis-à-vis de ses vassaux.

Il est probable que si le chef des Hoggars avait agi avec plus de franchise et de loyauté, il eut pu protéger efficacement la mission française contre les entreprises hostiles auxquelles elle était exposé dans cette région.

On peut même assurer que, s'il était venu lui-même au-devant de la mission, celle-ci aurait franchi le Hoggar sans difficultés ; en se tenant sur la réserve Ahitaghel a été cause, au moins indirectement, du guet-apens de Bir el Gharama ; quoique mitigée par les circonstances, sa responsabilité est très grande, assez grande pour justifier tout entreprise destinée à tirer vengeance de lui, comme des Hoggars.

POST-FACE

Plus de 15 années se sont écoulées depuis le jour où la deuxième mission transsaharienne a si lamentablement fini à Bir el Gharama ; de tous les Français qui y ont pris part, personne n'a survécu. Des membres de la première mission, trois sont actuellement encore vivants, MM. Lechâtelier et Cabaillot, et celui qui écrit ces lignes.

M. Brosselard est mort en 1893, épuisé par les maladies contractées au cours de diverses expéditions dans le Sud Oranais, au Soudan et en Guinée ; M. Rabourdin est mort il y a quelques années après avoir occupé diverses fonctions au Sénégal et à Madagascar.

Parmi le personnel indigène qui a accompagné le colonel Flatters dans ses deux voyages, quelques-uns ont disparu parmi les plus importants; Sghir ben Cheikh, qui a joué un rôle si odieux dans la deuxième mission, a été tué il y a quelques années dans une ghazzia; sauf Cheikh ben Boudjemâa et El Ala ben Cheikh qui sont revenus dans leurs tribus en protestant de leur innocence, les guides chaamba de la deuxième mission se sont expatriés et habitent le Tidikelt ou le Touat, où ils sont pour le moment à l'abri du châtiment exemplaire que mérite leur trahison.

Mohamed ben El Hadj Radja est toujours campé dans le grand désert et est resté en relations avec les chefs de nos postes du sud. El Hadj Ikhenoukhen est mort presque centenaire, il y a quatre ans, laissant un grand vide chez les Touareg du nord, vide qui n'est pas comblé et ne le sera probablement pas de sitôt.

Par les services rendus au cours de la grande guerre entre les Azgars et les Hoggars, guerre pendant laquelle il sut maintenir sous son commandement toutes les tribus azgars, il avait acquis une influence très grande et était chez les Touareg du nord un véritable souverain dont l'autorité était universellement reconnue. Il semble que depuis sa mort aucune personnalité n'a pu ou su le remplacer, et les principales tribus azgars ont repris une grande indépendance vis-à-vis les unes des autres, ayant perdu le seul homme qui, grâce à son passé et à son caractère, pouvait les grouper et les dominer.

Des faits récents qui se sont produits au cours des missions de MM. Méry, Foureau et d'Attanoux au pays des Touareg azgars, prouvent d'une façon certaine que ceux-ci ont perdu la cohésion déjà assez faible qu'elles avaient encore du vivant d'Ikhenoukhen.

Abd el Hakem, principal chef des Ifoghas qui avait protégé avec tant de loyauté les deux missions, est mort; son fils, qui s'est montré aussi loyal à notre égard, ne paraît pas avoir hérité de son influence. Les chefs actuels des Ifoghas, tout en étant peut-être moins francs qu'Abd el Hakem et son fils, ont cependant gardé de bonnes dispositions et sont restés en relations avec nous, mais les cheikhs des Oraghen et surtout ceux des Mogasaten, ont fait preuve d'un mauvais vouloir évident vis-à-vis de nos explorateurs.

Dans le Hoggar la situation est restée la même, Ahitaghel ben Biska est toujours chef de la confédération des Touareg du centre, qui, après avoir vécu bien des années dans la crainte du châtiment qu'ils méritaient si bien, ont fini par oublier leurs méfaits et par revenir de leur terreur.

A In Salah, El Hadj Abd el Kader ben Badjouda, notre ennemi juré, est mort, sa place est prise par son fils Mohamed qui paraît avoir hérité de son influence et de sa haine pour tout ce qui est chrétien et surtout français.

Les Ouled Sidi Cheikh sont rentrés dans le pays de leur ancêtre et les chefs de la grande famille ont obtenu le pardon de leurs fautes. Si Ed Din ben Hamza est agha des Ouled Sidi Cheikh, Si Hamza ould Bou Beker est agha du Djebel Ahmour ; quant à Si El Ala et Si Kaddour, rentrés en Algérie, ils se sont rendus dernièrement à Géryville et ont fait leur soumission d'une façon complète.

Le seul Bou Amama est toujours dans le Sahara attendant une occasion de faire parler de lui ; il vit avec sa smala chez les Deghemcha où le sultan de Fez l'a cantonné avec un apanage. Ce marabout est à surveiller d'une façon très sérieuse, car il joue le rôle d'un centre d'attraction autour duquel viennent se grouper tous les mécontents; sa puissance ne semble pas encore à son déclin et il peut devenir dangereux à la première occasion ; il voyage souvent au Touat et y recueille des ziara fructueuses, il est parfaitement au courant de ce qui se dit et se fait en Algérie.

Depuis 1880, notre situation a complètement changé d'ailleurs dans le Sahara, où le territoire que nous occupons effectivement s'est accru d'une façon considérable. En 1880, nos postes extrêmes étaient El Oued, Laghouat, Géryville, El Aricha ; la Tunisie était encore indépendante, Tougourt avait bien une petite garnison de troupes indigènes mais dépendait encore d'un agha. En 1881, on occupe le Kheider et Méchéria, le chemin de fer de Saïda est poussé jusqu'à ce dernier poste. En 1882, Ghardaïa devient le chef-lieu d'un cercle qui comprend l'annexe de Ouargla ; Tougourt forme une annexe de Biskra, le poste d'Aïn Sefra est créé et devient le chef-lieu d'un nouveau cercle.

En 1883, El Goléa reçoit un chef de poste qui

y séjourne une partie de l'année. En 1885, on crée le poste de Djenien Bou Rezg, à 50 kilomètres sud-sud-ouest d'Aïn Sefra et à mi-distance de ce point à Figuig. En 1887, Aïn Sefra est relié par une voie ferrée avec Méchéria ; pendant ce temps la Tunisie était occupée et constituée en protectorat étroit. En 1889, El Goléa est transformée en annexe de Ghardaïa et reçoit une garnison permanente. En 1892, Tougourt devient le chef-lieu d'un cercle militaire.

Pendant l'hiver 1892-1893, on crée un poste à Hassi Inifel, au confluent de l'Oued Insokki et de l'Oued Mya à 110 kilomètres environ au sud-est d'El Goléa ; pendant l'hiver 1893-1894 deux nouveaux postes sont créés à Hassi Chebaba à 90 kilomètres sud-ouest de Hassi Inifel et à Hassi El Ahmar à 160 kilomètres sud-ouest d'El Goléa ; le premier a reçu le nom de fort Miribel et le deuxième le nom de fort Mac-Mahon. Dans la division de Constantine, on a édifié à Hassi Bel Hiran le fort Lallemand, situé à 100 kilomètres sud-ouest d'Ouargla ; enfin dans la division d'Oran on prolonge le chemin de fer d'Aïn Sefra vers Djenien Bou Rezg (1). On a ainsi

(1) Tout récemment (1895) on a créé un poste à El Abiod Sidi Cheikh à mi-distance de Géryville à Aïn Sefra.

constitué les têtes des voies de pénétration qui doivent nous conduire vers le Tidikelt à In Salah, vers le Gourara à Timimoun, vers le pays des Touareg Azgar et vers Figuig.

Au sud du grand désert, les progrès de notre occupation ont été encore plus rapides ; toute la vallée du Niger a été occupée, de ses sources à Tinboktou ; cette ville est actuellement le plus septentrional de nos postes de ce côté, où nous sommes presque en contact avec les Touareg du sud, les puissantes tribus des Aoulimmiden (1).

Ainsi enserrés entre nos deux grandes colonies de l'Afrique occidentale, les berbères du Sahara, Touareg et nomades de l'Oued Zousfana, ksouriens du Tidikelt, du Gourara et du Touat, commencent à sentir la puissante main de la France et voient s'approcher à grands pas le moment où ils devront accepter notre autorité. Cette situation est bien faite, quoique on en ait dit, pour favoriser des entreprises du genre de celles que le colonel Flatters a dirigées dans le

---

(1) Tout dernièrement, le commandant Gaudron, commandant supérieur du cercle de Géryville, et deux officiers du bureau arabe de ce cercle, sont allés en reconnaissance à Tabelkoza, l'oasis la plus septentrionale du Gourara et y ont été très bien reçus grâce à l'appui des Ouled Hamza.

Sahara. Le pays des Chaamba est actuellement fortement occupé et ces tribus dont la coopération, au moins comme guides, est indispensable pour des explorations dans le Sahara, fournirait au chef de mission des éléments bien meilleurs que ceux que Flatters a pu se procurer à grand peine en 1880.

Il est certain d'ailleurs, que le personnel d'une mission serait dans des conditions morales bien supérieures à l'époque actuelle, grâce surtout à l'extension de notre occupation dans le Sahara. Il ne faut pas se dissimuler, en effet, que, dans de semblables régions, la valeur morale de ce personnel décroît rapidement, proportionnellement à la distance qui le sépare des limites du pays qui est sa base d'opérations.

Cela est vrai surtout pour les indigènes qui doivent forcément entrer en proportion assez grande dans la composition du personnel ; une des causes du désastre de la deuxième mission transsaharienne est certainement cette diminution de force morale qui fut très sensible après la traversée de la plaine d'Amadghor.

Dans les missions futures, quel que soit le surcroît de matériel qui pourra en résulter, il faudra se décider à prendre toutes les mesures qui sont de nature à accroître et à maintenir cette force morale. Les deux mesures les plus efficaces à cet égard sont certainement l'adjonction à la mission d'une petite force de cavalerie lui permettant de s'éclairer, et l'augmentation de l'effectif en soldats français.

Si Flatters avait eu parmi son personnel une dizaine de cavaliers, si d'un autre côté il avait monté à cheval tous les membres de la mission, si enfin, il avait eu une vingtaine de soldats français en remplacement d'un nombre égal de tirailleurs indigènes, il ne se fût pas cru obligé de négliger certaines précautions militaires, comme il le fit, pour relever le moral de son monde, conception absolument fausse d'ailleurs même dans les conditions où il se trouvait, et qui conduisit la mission à sa perte.

Avant de clore ces pages nous donnerons un aperçu de l'organisation qui devrait être adoptée pour une expédition de cette espèce dans les conditions présentes.

D'après les renseignements que nous avons sur les points d'eau que l'on rencontrerait dans la traversée du grand désert, on ne pourrait guère compter sur des ressources permettant de faire marcher en une seule masse une cara-

vane d'un effectif supérieur au double de celui
qu'avait la deuxième mission du colonel Flatters,
soit de 200 hommes environ. Cet effectif paraît
suffisant pour résister avec succès aux attaques
des Touareg et mettre la mission à l'abri d'entreprises hostiles de cette espèce. La force totale
de la mission serait donc de 200 hommes, dont
30 à 40 cavaliers ; l'approvisionnement de vivres
serait constitué pour quatre mois, l'équipage
d'eau transporterait huit jours d'eau.

Un calcul très simple permet de déterminer le
nombre de chameaux qui serait nécessaire pour
transporter les approvisionnements de toute
nature et les bagages ; ce calcul donne la proportion de 2 chameaux, 4 pour un homme à
pied et de 6 chameaux pour un cavalier ; on en
conclut le nombre de chameaux de la caravane
qui serait pour les cavaliers de 210 et pour les
hommes à pied de 394, soit en tout : 604.

Le personnel se décomposerait comme il suit :

	Hommes.	Chevaux.
Membres de la mission (officiers) . .	8	8
Hommes de troupes français	67	4
Hommes de troupes indigènes . . .	98	»
Cavaliers indigènes (spahis)	23	23
Guides à méhari	5	»
Total	201	35

De grandes précautions sont à prendre au bivouac pendant la nuit pour éviter les surprises dans l'obscurité, surprises dont les conséquences peuvent être désastreuses; la destruction de la petite colonne du lieutenant-colonel Bonnier près de Tinboktou le prouve surabondamment. Il paraît possible cependant de se soustraire à ce danger en organisant un service de garde fait par les officiers, suivant un procédé qui a toujours donné de bons résultats pendant les deux missions Flatters; une précaution qui serait susceptible de donner des résultats excellents, serait de munir l'officier de garde d'artifices éclairants, flambeaux ou balles à feu, permettant d'éclairer instantanément le camp en cas d'alerte ou même d'un projecteur susceptible d'éclairer les abords du camp.

Le matériel et les approvisionnements de la mission devraient être transportés à Hassi Inifel avec un convoi de chameaux loués; le convoi de la mission serait massé d'avance à Ouargla de façon à pouvoir s'y refaire dans les pâturages voisins de cette oasis. Il est, en effet, d'une très grande importance que les chameaux soient bien en forme avant que la mission ne se mette en route.

Le personnel concentré à Biskra se rendrait de ce point à Hassi Inifel de façon à y arriver vers la fin d'octobre, la mission pourrait alors partir en exploration vers le 1er novembre; Inifel étant par 29° 45' de latitude et la vitesse de marche de la caravane pouvant être évaluée à 25 kilomètres environ par jour, y compris les séjours, on voit que la mission pourrait reconnaître plus de 2,500 kilomètres d'itinéraire.

Il lui serait donc possible de faire la traversée du grand désert d'Inifel à Tinboktou, qui est par 17° 35' environ de latitude, et de revenir ensuite en Algérie avant la fin du mois de juin.

L'itinéraire qu'il paraîtrait le plus avantageux de suivre, sauf renseignements plus précis, serait celui de la deuxième mission Flatters jusqu'à Amguid; à partir de ce point on appuierait au sud-ouest par Hassi Gharis, Ouahaïen, Silet, Timissao, Ifernan; de ce dernier point on gagnerait Mabrouk et Tinboktou.

La plus grande difficulté pour mener à bien une pareille entreprise serait de trouver des guides pour aller au delà de Hassi Gharis qui est connu de tous les Chaamba; cela ne paraît cependant pas impossible et il doit exister parmi les Chaamba Mouadhi (1) des individus capables de guider la mission au moins jusqu'à Silet.

Il ne serait d'ailleurs pas impossible de trouver des Touareg qui se laisseraient tenter par une bonne rémunération pour servir de guides ; on ne saurait d'ailleurs être trop généreux pour ceux qui remplissent ces fonctions.

Les dépenses qu'entraînerait une semblable expédition ne peuvent être calculées très rigoureusement, mais les frais de toutes sortes ne pourraient guère dépasser 500,000 francs, elle aurait les plus grandes chances de réussir et son succès aurait un retentissement considérable qui suffirait pour faire oublier notre échec sur la route du Soudan central.

(1) Tribu qui habite autour d'El Goléa.

LÉGENDE.
+++ Frontière
Voies ferrées
.... d° .... en construction
Chefs-lieux de division militaire
Chefs-lieux de subdivisions militaires
Chefs-lieux de cercles
Postes militaires
Points d'eau
Lieux habités
Lieux dits
Itinéraires de la 1re mission
aller ---- retour ···· exploration légère
Itinéraire de la 2e mission

ALGER
Oran
Vra Ourou
Bougie
Philippeville
Bône
TUNIS
Constantine
Berrouaghia (910)
Nemours
Montaganem
Ch. Chelif
Tiaret (1090)
Ain Beïda (1081)
Tebessa (900)
Mascara
Hohna
AIN Bensaoir
Mostaganem
Aïn Sefra
ZI
Géryville
Laghouat (750)
Ch. Djelfa
Touggourt
El Oued
Ksar Medenine (750)
TRIP
Figuig (980)
El Abyodh Sidi Cheikh
Guerara
SIDI
Denien bou Reeg
Ghardaïa (090)
Ouargla
El Ma
H. Bel Hiran (Lallemant)
JE'T
Iglie
ERG
El Goléa (300)
H. el Makhanea
Ghadamès (350)
Tabelkhouza
DE L'OUEST
H. el Ahnet
H. Inifs
Aïn Taïba (320)
Herzan (240)
Timimoun
Ksour
Chetgolf
Meguiden
Bouïleh Mahtallah
GOURARA
H. Inserha
Byadh
Deldoum
F. Mesergueden (400)
H. el Hadjar
Temaminir
OULE
BA
MOU
N
Ikhalbalat
Tamentit
Aouléf
In Salah
Sobba
Aïn el Hadjadj
TIDIKELT
Takakat (500)
Monkhough (610)
Akabli
Amgu
Oued Maken (Aïn Kerma)
Sebkhat
Khanguetel Ha
Arsiman Tikhsin
ISAKKAMAREN
OULED MESSAOUD
Ghat (930)
Bazou
Idelès (1000)
Sebkhat d'Amadghor (560)
KEL AHENET
HOGGAR
Temassint
Lilet
Bir-el-Gharama
Timissao
H. Ifernan
Hassiou
KEL OUI
Mabrouk
AOULIMMIDEN
A IR
Tinbokton (250)
Agadès (760)
NIGER

LAC TCHAD

TABLE DES MATIÈRES

ALGER. — TYPOGRAPHIE AD. JOURDAN.

ALGER. — TYPOGRAPHIE ADOLPHE JOURDAN.

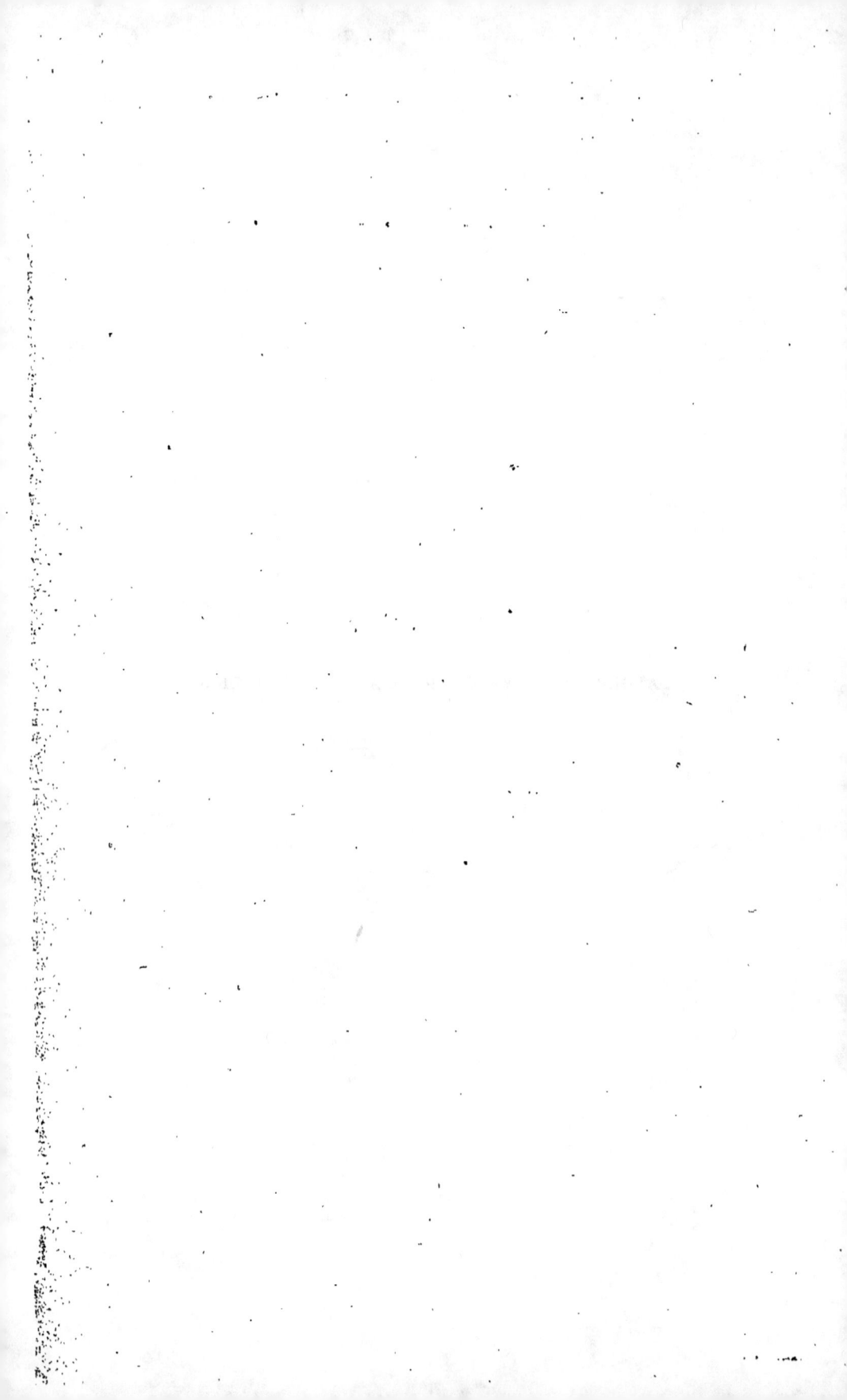

EN VENTE A LA MÊME LIBRAIRIE :

BISSUEL (H.), O. ✳ (COMMANDANT).
   Les Touareg de l'Ouest, avec deux cartes 1 vol.
   in-8º raisin . . . . **6** fr.
   Le Sahara Français, avec cartes et planches.
   1 vol. in-8º raisin . . . . **5** fr.

CAT, I. ✿, PROFESSEUR A L'ÉCOLE SUPre DES LETTRES D'ALGER.
   Histoire de l'Algérie. 2 vol. in-16, cart.   **4** fr.

COYNE, O. ✳, I. ✿ (COMMANDANT).
   Une Ghazzia dans le Grand Sahara, avec une
   carte. Une brochure in-8º . . . . . **1** fr. **50**
   Le Mzab, avec une carte. Broch. in-8º. **1** fr. **50**

GSELL, PROFESSEUR A L'ÉCOLE SUPre DES LETTRES D'ALGER.
   Cherchel, Tipasa, Tombeau de la Chré-
   tienne. 1 vol. in-16, cartonné. . . . . . **2** fr.

MERCIER (E.), ✳, INTERPRÈTE JUDICIAIRE A CONSTANTINE.
   La condition de la femme musulmane dans
   l'Afrique septentrionale. 1 vol. in-18. **2** fr.
   Le Hobous ou Ouakof, ses règles et sa jurispru-
   dence. Une brochure in-8º raisin. . . . . **2** fr.

PEIN, C. ✳, COLONEL.
   Lettres familières sur l'Algérie. 1 volume
   in-18 . . . . **3** fr. **50**

RINN (Louis), O. ✳, I. ✿ (COMMANDANT).
   Marabouts et Khouan, *Étude sur l'Islam en*
   Algérie. 1 vol. in-8º, avec carte . . . . **15** fr.
   Histoire de l'insurrection de 1871 en
   Algérie. 1 vol. in-8º, avec deux cartes. **15** fr.

TRUMELET (C.), C. ✳, I. ✿, COLONEL.
   Histoire de l'insurrection des Ouled-Sidi-
   ech-Chikh, *de 1864 à 1868.* 1 vol. in-8º. **15** fr.
   Blida. Récits selon la légende. 2 vol. in-18. **5** fr.
   Bou-Farik. *Une page de l'histoire de la colonisation*
   algérienne. 2e édition. 1 vol. in-18 . . . **4** fr.
   L'Algérie légendaire. 1 vol. in-18. . . **4** fr.

VILLOT, O. ✳, I. ✿ (Lt-COLONEL).
   Mœurs, coutumes et institutions des indi-
   gènes de l'Algérie. 1 vol. in-18. . **3** fr. **50**
   Instruction pratique sur le service des
   colonnes en Algérie. 1 vol. in-18. . **2** fr. **50**

ZEYS (E.), O. ✳, I. ✿, 1er PRÉSIDENT A LA COUR D'ALGER.
   Traité élémentaire de droit musulman
   algérien, *École malékite.* 2 vol. in-8º. . **15** fr.

ALGER. — TYPOGRAPHIE ADOLPHE JOURDAN. — ALGER.

www.ingramcontent.com/pod-product-compliance
Lightning Source LLC
Chambersburg PA
CBHW050453270326
41927CB00009B/1718